AF316092

LES COLONIES PORTUGAISES

LES COLONIES PORTUGAISES

COURT EXPOSÉ DE LEUR SITUATION ACTUELLE

LISBONNE

IMPRIMERIE NATIONALE

1878

Nous nous étions proposé d'exposer sommairement les découvertes et les conquêtes des Portugais, d'indiquer ce qui reste au Portugal des vastes territoires qu'il posséda jadis, de présenter un tableau résumé des institutions qui régissent actuellement ses provinces outremarines, en appuyant sur les détails les plus saillants de ces provinces, et de donner enfin notre avis sur ce que nous croyons indispensable à leur prospérité envisagée sous différents points de vue.

Nous avions déjà esquissé la partie de notre travail qui se rapporte le plus immédiatement aux premiers de ces points, et nous commencions celle qui était destinée aux réformes que, dans notre conscience, nous croyons les plus propres à rendre aux colonies portugaises leur ancienne splendeur, lorsque nous fumes invité à donner une publication immédiate à ce que nous avions déjà écrit. Nous avons accédé à cette demande et remis à plus tard l'accomplissement de la mission que nous nous étions imposée; c'est pourquoi nous

nous bornons aujourd'hui à publier ce qui constitue, à proprement dire, les bases sur lesquelles devait s'appuyer notre travail.

Nous sommes le premier à reconnaître combien est incomplet le livre que nous offrons maintenant au public, ce qui tient aussi bien au manque de temps qu'à l'insuffisance des données que nous avons pu recueillir.

Nous dirons toutefois en passant que les colonies portugaises contiennent la source de grandes richesses qui malheureusement se trouvent perdues en partie à cause du manque de capitaux et de travailleurs. Le problème que le Portugal a encore à résoudre pour obtenir le rapide accroissement de la prospérité de ses colonies est fort simplifié par les différentes réformes politiques déjà adoptées et les réformes économiques en voie d'exécution.

L. DE B.

TABLE DES MATIÈRES

Avant de nous occuper spécialement de chacune des colonies que le Portugal possède encore, nous allons donner au lecteur une notice sommaire de quelques-uns des voyages, découvertes et conquêtes des Portugais dans les différentes parties du globe, ainsi qu'un aperçu général du système d'administration des possessions portugaises, et de leurs rapports avec le gouvernement de la métropole.

Les années 1412 à 1415 doivent être prises comme point de départ des tentatives de découverte de nouveaux continents faites par l'infant D. Henri, fils du roi de Portugal, D. Jean, 1er du nom. Ainsi que l'ont fait différents auteurs, nous diviserons en trois périodes ces entreprises des Portugais.

PREMIÈRE PÉRIODE

1415 a 1460

1415 Le 21 août Jean 1er et ses fils occupent Ceuta, dans le nord de l'Afrique.

1418 Barthélemy Perestrello, sur le point de doubler le cap Bojador, est poussé par le vent vers l'île de Porto-Santo, dont il prend possession.

1419 Jean Gonçalves Zarco et Tristan Vaz découvrent l'île de Madère. La découverte de l'île Déserte a lieu peu de temps après.

1429 ou 1430 Gil Eannes, de Lagos, double le cap Bojador.

1

1432 Le 15 août Gonçalo Velho Cabral découvre l'île de Santa-Maria, de l'archipel des Açores.

1434 et 1435 Gil Eannes, accompagné d'Alphonse Gonçalves Baldaya, double le cap Bojador et découvre Angra dos Ruivos et Rio do Oiro.

1436 Le même Baldaya découvre Angra dos Cavallos.

1440 Denis Fernandes découvre le fleuve Sanagá ou Sénégal.

1441 Nuno Tristan touche au Cap-Blanc.

1443 Denis Fernandes découvre le Cap-Vert.

—— Nuno Tristan découvre les îles Adigor et Garças dans le golfe d'Arguin.

1444 Les caravelles d'une compagnie de navigation créée à Lagos (Algarve) par l'infant D. Henri, commandées par Lançarote et Gil Eannes, découvrent les îles Nar, Tider et autres.

—— Le 8 mai Gonçalo Velho Cabral aborde à l'île Saint-Michel, Açores.

1445 Louis Cadamosto, Vénitien au service de l'infant D. Henri, découvre le fleuve Barbacim, le pays de Gambia et le fleuve du même nom.

—— Gonçalo de Cintra découvre la baie à laquelle il donne son nom.

1446 Le 25 juillet Louis Cadamosto et Antoine de Nola découvrent quatre des îles de l'archipel du Cap-Vert: Boa Vista, S. Thiago, S. Filippe et S. Christovão. Cette dernière île reçut plus tard le nom d'île du Sel, nom qui lui est resté. Ces mêmes voyageurs au service du Portugal découvrent dans la même année les fleuves de Casamanza, Sant'Anna, S. Domingos, Grande, le Cap Vermelho ou Roxo et quatre îles de l'archipel Bissangos ou Bijagoz.

—— ou 1447 Nuno Tristan découvre le fleuve appelé depuis fleuve de Nuno. Ce voyageur fut assassiné par les sauvages à Rio Grande en l'année 1447.

1447 Alvaro Fernandes découvre le fleuve Tabete.

1449 Soeiro Mendes bâtit le fort d'Arguim, le premier qui ait été bâti par les Portugais en Afrique.

1449 Découverte de l'île Terceira (Açores), connue d'abord sous le nom d'île de Jésus-Christ.

—— Le Flamand Jacques de Bruges à qui le roi de Portugal avait fait donation de l'île Terceira, découvre celle de Saint-George, la quatrième dans l'ordre des Açores découvertes jusque-là.

1453 Les îles Graciosa, Corvo et Flores, de l'archipel des Açores, étaient déjà connues à cette époque. On ne peut préciser la date de la découverte des îles de Fayal et du Pico.

1458 Le roi Alphonse V prend Alcacer-Seguer en Afrique.

1460 Le 13 novembre meurt l'infant D. Henri, après 40 années d'utiles et glorieux efforts employés à la découverte de la côte occidentale de l'Afrique, depuis le cap Bojador 26° 23' de lat. N. jusqu'à Sierra Leone 8° N.

DEUXIÈME PÉRIODE

1460 à 1495

1460–1461 Pierre de Cintra découvre le fleuve Bessegue, le cap Verga, le cap Sagres de Guinée, le fleuve Saint-Vincent, le fleuve Verde, le cap Ledo, Sierra Leone, trois petites îles nommées Selvagens, le fleuve Vermelho ou Roxo, le cap Vermelho, l'île Vermelha, le fleuve Santa Maria das Neves, l'île dos Bancos, le cap Sant'Anna, le fleuve das Palmas, le fleuve dos Fumos, le cap Monte, le cap Mesurado, une étendue de 629 milles de côte à peu près.

1465 Les géographes s'accordent à croire que les îles Santo Antão, San Vicente et San Nicolau, de l'archipel du Cap-Vert étaient déjà trouvées avant cette année, car il semble que ce fut en 1460 qu'eut lieu cette découverte dont on ne peut indiquer précisément la date.

1469 Jean de Santarem et Pierre Escobar découvrent le *Resgate do ouro*, appelé plus tard la Mina, et le cap Sainte-Catherine.

1469–1471 Découverte des îles Formosa, puis de Fernando Pó, de Corisco, d'Anno Bom, de San Thomé et du Prince.

1469–1471 Lopo Gonçalves découvre le cap auquel il a donné son nom, à l'embouchure du Gabon.

1471 Alphonse V assiège et prend Arzilla et Tanger.

1482 Le 19 janvier Diogo d'Azambuja arrive en Guinée et entreprend aussitôt de bâtir le fort Saint-George de Mina (Ajudá).

1484–1485 Diogo Cão parvient au 13° sud (1484); il découvre le Congo et le fleuve Zaïre où il place un *padrão* (colonne commémorative). L'année suivante il navigue jusqu'au 22°, et découvre le cap Negro.

1486 Jean Alphonse d'Aveiro découvre Bénin en remontant le fleuve Formoso.

L'Azamor et la Mauritanie reconnaissent la souveraineté du roi de Portugal.

—— Barthélemy Dias, Pierre Dias et Lopo ou Jean Infante découvrent Angra das Voltas et, sur la côte orientale de l'Afrique, Angra dos Vaqueiros, la petite île de Cruz, le fleuve Infante, puis, à leur retour en occident, le fameux cap das Tormentas (des Tempêtes), nom que le roi Jean II changea en celui de Boa Esperança (Bonne-Espérance).

1487 Fondation de la factorerie de Huadem.

—— Pierre d'Evora et Gonçalves Annes découvrent Tucurol et Tombucutu (Tombouctou) dans l'intérieur de l'Afrique.

—— Rodrigo Rebello, Pierre Reynel et Jean Collaço visitent Mandimanza, Tamala dos Fulos, etc. dans l'intérieur de l'Afrique.

—— Alphonse de Paiva et Jean Peres de Covilhã acceptent la mission d'aller en orient par terre à la recherche du Père Jean des Indes. En arrivant à Aden ils se séparent. Paiva se dirige du côté de l'Éthiopie, pénètre dans l'Abyssinie et revient au Caire où il meurt. Covilhã gagne le golfe Persique, visite Cananor, Calicut, Goa et la côte du Malabar; revient à Aden et de là au Caire, d'où il retourne, sur l'ordre du roi, à Aden; il passe à Ormuz, revient au Golfe Persique, visite la Mecque, le mont Sinaï, Thor et Zeila, et arrive à la cour du roi Abexi (le Père Jean) l'année 1490. On croit que Jean Peres de Covilhã mourut en Abyssinie.

1488 Dans une lettre datée du 20 mars, le roi de Portugal accepte l'offre de Christophe Colomb, alors à Séville, de partir à la découverte de continents nouveaux pour le compte de la couronne portugaise.

1490 Les Portugais prennent possession de Targa et de Camice en Mauritanie.

1491 Le docteur Martin Lopes voyage dans le nord de l'Europe jusqu'aux limites de l'Asie.

1495 Avec la mort du roi Jean II, qui eut lieu le 25 octobre, finit la deuxième période durant laquelle les Portugais découvrirent la partie de la côte occidentale de l'Afrique qui s'étend du cap Sainte-Catherine jusqu'au cap de Bonne-Espérance, et de ce dernier cap jusqu'au fleuve Infant, sur la côte orientale.

TROISIÈME PÉRIODE

1497 A 1854

1497 Le samedi, 8 juillet, d'après quelques auteurs, et selon Gaspar Corrêa (Lendas da India), le 25 mars, Vasco de Gama quitte le Tage et s'élance à la découverte de la route des Indes.

Le 4 novembre il découvre une baie à laquelle il donne le nom d'Angra de Santa Helena; le 22 il double le cap de Bonne-Espérance; le 25 il arrive à Aguada de San Braz; le 25 décembre il découvre la terre de Natal.

1498 En continuant son voyage Vasco de Gama découvre, le 10 janvier, Rio dos Reis, Rio do Cobre, Terra da Boa Gente et à peu de distance Aguada da Boa Paz; le 25, le fleuve des Bons Signaes, où il pose le *padrão* San Jorge. Le 1ᵉʳ mars il découvre quatre îles. Ce même jour Gama prend terre à Mozambique qu'il avait découverte la veille, et il y élève le *padrão* San Jorge; le 7 avril il arrive à Mombaça, le 15 il mouille à Melinde où il place le *padrão* Santo Espirito. Le 20 mai, enfin, le grand voyageur entre dans le port de Calicut, où il élève le *padrão* San Gabriel, et le 29 il remet à Çamorim les lettres dont il avait été chargé par le roi de Portugal.

Après avoir ainsi accompli sa mission, le grand navigateur quitte l'Inde et, pendant son voyage de retour, découvre l'île Anchediva et les petites îles de Santa Maria où il place le *padrão* du même nom.

1499 Le 2 février Gama arrive à Magadaxo, le 7 il prend terre à Melinde, le 20 mars il double le cap de Bonne-Espérance et enfin, le 29 juillet, d'après quelques auteurs, le 29 août selon d'autres, et encore le 18 septembre d'après Gaspar Corrêa, il entre dans le Tage, devancé de 19 jours par son compagnon Nicolas Coelho.

Le voyage à la découverte de l'Inde dura plus de deux années. Des 170 personnes qui avaient quitté le Tage avec Vasco de Gama, 55 à peine revirent leur pays.

Le roi D. Emmanuel fit bâtir à Belem[1] le majestueux temple de Santa Maria, en mémoire du grand succès de l'entreprise de Vasco de Gama.

1500 Le 9 mars Pierre Alvares Cabral quitte le Tage pour se rendre dans l'Inde. En s'éloignant de la côte occidentale de l'Afrique il aperçoit vers l'occident, le 22 avril, une montagne à laquelle il donne le nom de Monte Pascoal, et celui de Vera Cruz à la terre contiguë. Le 24 il prend terre à Porto Seguro et le 2 mai suivant il reprend de nouveau la route de l'Inde. Près du cap de Bonne-Espérance, Cabral perd quatre de ses vaisseaux, dont l'un était commandé par Barthélemy Dias qui trouve la mort près du cap qui devait rendre son nom à jamais célèbre. Cabral avec les navires échappés au naufrage poursuit sa route, touche à Mozambique, à Quilôa et à Melinde, et reconnaît, sur les côtes de l'Arabie et de la Perse, Magadaxo, Socotora, Julpar, Ormuz, etc. Dans l'Inde il descend à Anchediva, Calicut, Cochim et Cananor, d'où il revient en Portugal en 1501 accompagné des ambassadeurs des rois des deux pays de l'orient dernièrement mentionnés, après avoir confié à Sancho de Toar la mission de reconnaître Sofala et de s'informer du commerce de l'or que l'on y faisait. Près du Cap-Vert, à Besenegue, Cabral rencontre l'expédi-

---

1 *Faubourg de Lisbonne.*

tion d'Améric Vespuce envoyée à la découverte en occident, par le roi dom Emmanuel.

1500 Gaspar Corte Real s'élance vers le nord afin de découvrir un passage qui le conduise dans l'Inde; il arrive au 60° N. et parcourt d'un bout à l'autre la Terre du Labrador, ou terre de Corte Real, et va jusqu'à Rio das Malvas. En outre il découvre la terre ou l'île des Bacalhaus (des Morues), d'autres îles à peu de distance connues sous le nom de Cortes Reaes, et une petite île à l'embouchure du détroit d'Hudson qu'on nomma l'île du Caramelo. Corte Real de retour à Lisbonne entreprend, le 15 mai de l'année suivante, un autre voyage au nord, d'où il ne revient pas. Son frère Miguel Corte Real qui courut à sa recherche, eut le même sort.

1501 Jean de Nova en partant pour l'Inde découvre l'île Ascensão à 120 lieues de la côte du Brésil, et l'île à laquelle il a donné son nom, à l'est de l'Afrique. A son retour en Portugal (1502) il découvre l'île Sainte-Hélène.

—— Le 10 mai le Florentin Améric Vespuce, au service du roi D. Emmanuel, quitte Lisbonne pour entreprendre son premier voyage. Il reconnaît la Terre de Santa Cruz et descend jusqu'à Rio de la Plata et à la terre des Patagons, d'où il revient à Lisbonne au mois de septembre de l'année 1502.

1502 Vasco de Gama, déjà nommé amiral des mers de l'Inde, de la Perse et de l'Arabie, entreprend son second voyage aux Indes. Il rend le roi de Quilôa tributaire et établit des relations commerciales avec les rois de Cochim et de Cananor. A Cochim il reçoit des ambassadeurs de Mangalor et de plusieurs autres pays de l'Asie et inflige des peines sévères à l'empereur de Calicut. A son arrivée à Lisbonne, en 1503, il remet à D. Emmanuel l'or provenant du tribut du roi de Quilôa et dont fut fait le riche ostensoire qui a appartenu à l'église de Santa Maria de Belem et qui se trouve aujourd'hui déposé à l'hôtel de la monnaie.

1503 François d'Albuquerque et Alphonse d'Albuquerque partent pour l'Inde. François pose les fondations du fort de Cochim et en nomme gouverneur Duarte Pacheco Pereira.

Alphonso découvre Coulam et y établit une factorerie et des relations commerciales avec le roi.

1503 Améric Vespuce fait son second voyage et découvre la baie de Tous-les-Saints, en Amérique. Il revient à Lisbonne au mois de juin 1504.

—— Antoine de Saldanha découvre Aguada de Saldanha, près du cap de Bonne-Espérance.

1504 Ruy Laurent Ravasco, de la flotte de Saldanha, rend tributaires les rois de Zanzibar et de Mombaça, et Diogo Fernandes Peteira ou Pereira passe l'hiver à Socotora.

1505 D. François d'Almeida part pour l'Inde. Il châtie le roi de Quiloa qui s'est refusé à payer un tribut à la couronne portugaise et le remplace par un autre roi. Il fait bâtir à Quiloa le fort de Santiago. En arrivant dans l'Inde, il y bâtit les forts d'Anchediva et de Cananor, couronne lui-même le roi de Cochim et reçoit les ambasssadeurs du roi de Narsinga. Son fils D. Laurent d'Almeida découvre Ceylan ; en arrivant dans le port de Gale il promet au roi la protection des Portugais en échange d'un tribut annuel en cannelle, payé à la couronne de Portugal.

—— Pierre d'Anhaya rend tributaire le roi de Sofala et batît dans cette contrée une forteresse, le 21 septembre.

—— Les Portugais bâtissent le fort de Santa Cruz au cap Aguer dans la Mauritanie. De la fondation de ce fort est né le village devenu célèbre sous le nom de Santa Cruz du cap d'Aguer.

1506 Jean Homem découvre les îles de Santa Maria da Graça, de Saint-George, et de Saint-Jean, situées à 10 lieues les unes des autres, près du cap de Bonne-Espérance.

—— Tristan de Cunha découvre, au sud du cap de Bonne Espérance, les îles auxquelles il donne son nom.

—— Ruy Pereira Coutinho découvre, le 10 août, la côte occidentale de l'île Saint-Laurent (Madagascar), et il donne le nom de Bahia Formosa à la baie dans laquelle il jette l'ancre. Il fait part de cette découverte à Tristan de Cunha, lequel en arrivant le jour de Noël au cap de l'île lui donne le nom de cap Natal. La côte orientale de Saint-Laurent fut découverte le 1er février 1507 par Fernand Lopes, pendant son voyage de retour à Lisbonne. Cette île porta d'abord le nom de Saint-Laurent, parce que ce fut le jour de la fête de ce saint qu'en fut découverte la côte occidentale.

1506 Alphonse d'Albuquerque franchit le détroit du golfe arabique en cinglant vers l'Inde, dont il va prendre le gouvernement par ordre du roi.

—— Diogo d'Azambuja fait bâtir le fort de Mazagan en Mauritanie.

1507 Laurent d'Almeida découvre les îles Maldives.

—— Tristan de Cunha détruit, sur la côte d'Ajan, Oja et Brava; rend Lamo tributaire, prend le fort de Socotora, le rebâtit et lui donne le nom de fort Saint-Michel.

—— Duarte de Mello pose les fondations du fort de Mozambique.

—— Alphonse d'Albuquerque parcourt la côte de l'Arabie et de la Perse; fait la paix avec Calaiate, prend Curiate et Mascate, rend Soar tributaire, saccage Orfaçam, arrive à Ormuz, en rend le roi tributaire et y bâtit le fort de Nossa Senhora da Victoria (Notre-Dame de la Victoire).

1507–1508 Diogo d'Azambuja prend possession de la ville d'Azaafi ou Çafim.

1508 Diogo Lopes de Sequeira arrive le 4 août à la grande île nommée aujourd'hui Madagascar, y débarque le 10 et lui donne le nom de Saint-Laurent. Il découvre ensuite les îles de Santa Clara, pénètre dans le royaume de Matatana et dans le fleuve du même nom, découvre encore la grande baie Saint-Sébastien (20 janvier 1509), et part ensuite pour l'Inde. Il arrive à Cochim le 24 avril 1509.

—— Tristan de Cunha, à son retour de Mozambique, découvre, le 17 janvier, l'île Ascension, en Éthiopie.

1508–1509 Edouard de Lemos se rend dans l'Inde par Zeila, Aden, Médine, la Perse, Babylone, Bassora et Ormuz.

1509 Le 3 février François d'Almeida, vice-roi de l'Inde, détruit les flottes réunies du sultan de l'Egypte et des rois de Calicut et de Cambaya. Il fait la paix avec Mélique-As, seigneur de Diu, et ratifie la paix déjà faite avec le roi de Chaul; il rend tributaire le roi de Baticala et augmente le tribut que le roi d'Onor payait déjà à la couronne portugaise. A son retour en Portugal il jette l'ancre à l'Agoada de Saldanha où il est assassiné par les sauvages.

1509 Diogo Lopes de Sequeira accompagné de Fernand de Magalhães, passe près des îles de Niçuar et mouille à Pedir et à Pacem, dans l'île de Sumatra; signe des traités de commerce et d'amitié avec les rois des deux villes, et y élève des colonnes commémoratives *(padrões)*. Sequeira passe à Malacca, chef-lieu de la presqu'île du même nom, et y établit une factorerie après avoir fait un traité avec le roi de Malacca.

1510 Le 25 novembre Alphonse d'Albuquerque prend possession de Goa, sur la côte occidentale de l'Inde, en deçà du Gange. Il bâtit à Goa un fort et reçoit les ambassadeurs des rois de Baticala, de Chaul, de Narsinga, de Cambaia, du Çamorim, de Calicut et autres.

1511 Au mois d'août Alphonse d'Albuquerque occupe Malacca et y fait bâtir un fort.

1512 Antoine d'Abreu découvre l'île d'Amboino, et François Serrão celle de Ternate, deux îles de l'archipel des Moluques.

1513 Alphonse d'Albuquerque fait bâtir un fort à Calicut. Le roi des îles Maldives, pour le remercier des services qu'il lui avait rendus, se déclare tributaire de la couronne portugaise. Alphonse prend l'île de Camarão dans le golfe arabique et élève une colonne *(padrão)* à Vera Cruz, à l'île de Mehum, vers l'embouchure du détroit.

—— Pedro de Mascarenhas découvre à l'est de Saint-Laurent (Madagascar) une île à laquelle il donne son nom. Cette île se nomme aujourd'hui île de la Réunion et a été appelée Bourbon, Réunion, Bonaparte, pour reprendre enfin son troisième nom.

—— Le duc de Bragance D. Jayme prend Azamor, Tite et Almedine en Afrique.

1515 Alphonse d'Albuquerque s'empare de la ville d'Ormuz et y reçoit un ambassadeur du shah de Perse. Albuquerque meurt le 16 décembre devant Goa.

1516 Duarte Coelho découvre la Cochinchine et y élève une colonne *(padrão)* portant son nom.

1517 Fernand Peres d'Andrade arrive à Pacem, dans l'île de Sumatra, et signe un traité d'amitié avec le roi de Patane; il descend dans l'île de Taimon près de l'empire de la Chine. Il signe des traités de commerce et d'amitié avec les gouverneurs de Canton et envoie vers l'empereur de la Chine, Thomé Pires, qui arrive à Nankin après quatre mois de voyage.

—— Les Portugais prennent et détruisent la ville de Zeila à l'embouchure du golfe arabique.

1518 Duarte Coelho fait des traités de commerce et de paix avec le roi de Siam; élève une colonne *(padrão)* à Hodiá et rend tributaire le roi de Pahan.

—— Les Portugais bâtissent un fort à Columbo.

1519 Le 10 août Fernand de Magalhães, Portugais au service du roi de Castille, entreprend son voyage autour du monde. L'intrépide voyageur portugais est assassiné à Zebu, l'une des îles Philippines.

1520 Les Portugais bâtissent un fort à l'île Maçuá, dans l'Inde.

—— François Alvares se rend dans l'Abyssinie.

1521 Le capitaine Grégoire de Quadra se rend au Congo pour découvrir la route de ce pays vers l'Abyssinie.

—— Les Portugais bâtissent des forts à Pacem.

1522 Le 24 juin Antoine de Brito pose les fondations d'un fort à Ternate. Il signe des conditions de paix avec la reine de l'île.

—— Les Portugais fondent la ville de San Thomé près de Meliapor, sur la côte de Coromandel.

—— Pendant cette année et l'année suivante les Portugais découvrent plusieurs îles dans le vaste archipel des Moluques. On a pensé à leur division en cinq provinces: Moluco, Amboino, Moro, Papuas, Célèbes ou Macassar.

—— Antoine Tenreiro entreprend ses remarquables voyages; en partant d'Ormuz, il parcourt la Perse, l'Arménie, la Syrie, le Caire, Alexandrie, et en arrivant à l'île de Chypre il retourne vers le continent et se rend par terre jusqu'à Ormuz.

1523 Le 19 août le roi Jean III fait donation du royaume d'Ormuz à Mahumede Xaa. Les Portugais prennent possession de la ville de Xael.

1524 Hector de Silveira rend le roi d'Aden tributaire de la couronne de Portugal.

1525 Gomes de Sequeira, pilote d'une fuste portant 25 hommes, parcourt les îles Célèbes afin d'y établir des factoreries. A 300 lieues à l'est il découvre une île à laquelle il donne son nom.

1526 Les Portugais découvrent la terre qui plus tard prend le nom de Nouvelle-Hollande.

—— Les îles Maçuá et Dalaca, dans le golfe arabique, se rendent tributaires du roi de Portugal.

—— George de Menezes poussé par la tempête vient mouiller près de la terre des Papous.

—— Vasco Lourenço arrive à Bornéo, où il rencontre un autre capitaine portugais.

1527 Le roi de Bintão se rend tributaire de la couronne de Portugal.

—— Nuno da Cunha rend tributaire le roi de Mombaça.

—— Belchior de Sousa Tavares, le premier Portugais qui navigue sur le Tigre et l'Euphrate, prête son appui au roi de Bassora contre celui de Gizaira.

—— Diogo Garcia, Portugais au service de l'Espagne, après avoir mouillé près de l'embouchure de l'Uruguay, navigue sur le Paraguay et parvient jusqu'au dessus du confluent Paraná ; il y rencontre Sébastien Cabot qui venait de bâtir le fort Sant'Anna. Les deux navigateurs ont donné au Paraguay le nom de Rio da Prata.

—— Henrique Gomes Leme arrive à l'île de Sunda.

1528 Antoine Tenreiro quitte Ormuz et revient en Portugal par terre.

1530 Martin Alphonse de Sousa explore les côtes du Brésil, reconnait Rio de Janeiro, atteint Rio da Prata et découvre, au 30° sud, le fleuve qui prit le nom de Martim Affonso. Ce navigateur fut le premier qui établit des colonies au Brésil.

1534 Martin Alphonse de Sousa fait démolir le fort de Damão et rase la côte jusqu'à Diu.

1534-1535 Le roi de Cambaia cède Baçaim aux Portugais ainsi que les terres et les ports maritimes qui en dépendent. Il accorde aux Portugais la permission de bâtir un fort à Diu. C'est Nuno de Cunha qui en établit les fondations. Diogo Botelho embarqué sur une fuste, petit bâteau de 18 pieds sur 6, quitte l'Inde et vient apporter cette heureuse nouvelle à Lisbonne.

1536 François de Castro mouille à l'île Santigano, d'où il passe aux îles Soligano, Mindanau, Buticano, Pimilarano, et Camisino, des Moluques, et établit à Ternate un séminaire pour l'éducation chrétienne.

1537 Fernand Mendes Pinto commence ses voyages qui durèrent 21 ans. Le récit en a été imprimé en 1613 sous le titre de *Peregrinações* (Pérégrinations).

1540 Le Portugais Antoine de Sousa revient de l'Inde à Lisbonne par terre.

—— Un collège portugais est fondé à Cranganor.

1541 D. Estevan de Gama parcourt tout le golfe arabique jusqu'à Suez dans le but de détruire une flotte turque.

—— D. Jean de Castro visite les ports, les fleuves et les côtes de la mer Rouge, et en écrit l'itinéraire *(Roteiro)*.

—— Fondation du séminaire de Santa Fé, à Goa, où l'on reçoit des enfants de tous les vastes domaines portugais en Orient.

1542 Antoine de Mota, François Zeimoto et Antoine Peixoto arrivent au Japon. Presque en même temps d'autres Portugais, Fernand Mendes Pinto, Christophe Borralho et Diogo Zeimoto y arrivent aussi.

—— Saint François Xavier, l'apôtre des Indes, arrive à Goa.

—— Vers cette époque déjà les Portugais possédaient une factorerie importante à Liampó, Limpó ou Nimpó, sur la côte orientale de la Chine. Plus tard, vers 1540, ils en fondèrent une autre à Chincheu, et, vers l'année 1557, ils établirent celle de Macao, sur la pointe sud de l'île Gaoxam ou Yauxan.

1544 Antonio de Paiva aborde à l'île de Macassar, et de là il passe dans celle de Sian ou Siang.

—— Fernand Mendes Pinto aborde aux îles Lequias au nord-est de l'île Formosa et à l'est des côtes de la Chine.

—— Le roi de Ternate meurt à Malacca et laisse ses États au roi de Portugal.

—— Martin Alphonse de Sousa rend tributaires les rois de Jafanapatan et de Travancor.

1545 Lourenço Marques découvre, dans l'Afrique orientale, la baie à laquelle il a donné son nom.

1548 Gaspard de Cruz pénètre dans l'intérieur de la Chine, et en fait une curieuse description.

1549 Thomé de Sousa fonde la ville de San Salvador de Bahia, dans la Terre de Santa-Cruz (Brésil).

—— Saint-François Xavier part pour le Japon, dont les ports étaient déjà très fréquentés par les navires portugais, et de là il passe à Cangoxima, Exiando, Firando, Amanguchi, Meaco et Figem. Il vient mourir à l'île Sanchoan en l'année 1552.

1551 Les Portugais prennent Geilôlo, chef-lieu de l'île de ce nom, dans l'archipel des Moluques. Le roi devient tributaire de la couronne portugaise.

1556 Fr. Gaspard de Cruz continue la catechèse chrétienne en Chine.

—— Les Portugais fondent à Funay, chef-lieu de Bungo, (Japon), un hôpital pour les lépreux, et un asyle pour les enfants que leurs parents, poussés par la misère, abandonnaient ou tuaient. Le roi de Bungo accorde sa protection à ces deux institutions portugaises.

1557 Les mandarins de Canton cèdent aux Portugais le port de la presqu'île de Macao. Les Portugais fondèrent à Macao une colonie indépendante de la métropole et y exercèrent le commerce avec la Chine, le Japon et Manille jusqu'en l'année **1622.** Les navires hollandais ayant inquiété la colonie, les colons sollicitèrent la protection du vice-roi de l'Inde et reconnurent la suprématie du roi de Portugal. La colonie, en forme de ville, prit le nom de «Cidade do santo nome de Deus de Macau», et reçut un gouverneur portugais.

1559 Dom Constantin de Bragance occupe Damão.

1560 Le même Dom Constantin de Bragance prend l'ilede Manar, principal dépôt des pêcheries de perles de Ceylan, et y fait bâtir un fort.

—— Duarte d'Albuquerque Coelho et son frère George découvrent le fleuve San Francisco, au Brésil.

—— Antoine Dias, en navigant jusqu'à 42° sud, découvre à 37°,45' une île à laquelle il donne son nom. Cette île fut plus tard appelée île de San Paulo.

—— Le missionnaire portugais Gonçalo de Silveira pénètre par Inhambane jusqu'à la cour d'Otongue; suit les fleuves de Cuama, et arrive par le fleuve Quelimane jusqu'à Gilôa, à l'embouchure du Zambèze, à Inhamoi, à la cour de Simbaoe, etc.

1565 Le 25 février Martim Alphonse part d'Ormuz pour Tripoli et de là passe à Rochelle. Il a écrit l'itinéraire de ses voyages en Asie.

1566 Henri Garcez découvre au Pérou la riche mine de mercure nommée Guanca-Velica.

—— Les Portugais abordent aux îles de Gotó, les plus occidentales du Japon.

1567 Mem de Sá, gouverneur général du Brésil, fonde la ville de Rio de Janeiro, connue d'abord sous le nom de ville de Saint-Sébastien, du nom du roi de Portugal. Le premier capitaine-général de Saint-Sébastien ou Rio de Janeiro, fut Salvador Correia de Sá.

1569 Le roi Dom Sébastien divise l'empire portugais à l'orient comme il suit:

1er Gouvernement du cap Corrientes jusqu'au cap Guardafui;

2e Du cap Guardafui jusqu'à Ceylan;

3e De Ceylan jusqu'à la Chine.

—— Les Portugais prennent Onòr et Barçalor au Malabar.

—— Expédition de François Barreto au Monomotapa et aux mines de Sofala. Il fait des traités avec les rois de Chicanga et de Quitève, arrive à Senne, envoie des embassadeurs à

Simbaoe et obtient les mines d'argent de Chicova, Rufroque et Mocaräs.

1569 Gonçalo Pereira Marramaque fonde une forteresse à Amboine et découvre quelques îles en Océanie.

1570 Les Portugais défendent bravement Chaul, Goa et tout le Malabar contre une ligue des rois indiens protégée par la Turquie et la Perse. La ligue est anéantie.

—— André Pereira fait par terre le voyage du Portugal jusqu'à l'Inde, et Isaac de Cairo vient également par terre de Goa à Lisbonne.

1572 Le vice-roi Louis d'Athayde quitte l'Inde, le 6 janvier, et ne rapporte d'Orient que quatre bouteilles remplies d'eau de l'Indus, du Ganges, du Tigre et de l'Euphrate, fleuves qu'il avait visités. Ce furent les seules richesses acquises par ce vice-roi après quelques années de gouvernement dans l'Inde. Il garda longtemps ces quatre bouteilles d'eau dans son château de Peniche.

1575 Paul Dias de Novaes, petit-fils du célèbre Barthélemy Dias, qui avait découvert le Cap de Bonne-Espérance, fait bâtir à Angola le fort Saint-Michel. Il fut le conquérant, le fondateur et le premier gouverneur de la colonie de Sébaste, ainsi nommée en l'honneur du roi Dom Sébastien; cette colonie prit peu après le nom d'Angola, nom d'un des rois du pays. L'occupation portugaise bornée d'abord à la côte s'étendit successivement, de sorte que, en l'année 1784, les places de Massangano, Muxima, Cambambe, Ambaca, Benguella, Pedras de Pungoandongo, Caconda, Novo Redondo, Encoge, etc., etc., appartenaient aux Portugais.

1579 Les Portugais occupent Bouro Grande, dans l'archipel des Moluques.

1580 Prea Pandar, roi de Ceylan, fait donation de ses États au roi de Portugal.

1582 L'île Labua, Moluques, se soumet aux Portugais.

1583 Le roi de Chale devient tributaire de la couronne de Portugal. On y fonde une forteresse.

1587–1588 Les Portugais bâtissent un fort à Mascate.

1587–1588 Paul de Lima prend la ville de Jor et entre triomphalement à Malacca.

1590 Les Portugais occupent Candy, capitale du royaume de ce nom, à Ceylan.

1593 Voyage de Fr. Emmanuel de Santos, de Lisbonne à Goa. A son retour par terre à Lisbonne, il écrit son voyage.

1595 Les Portugais bâtissent un fort à Solor.

1597 Le roi de Portugal est proclamé roi de Columbo. Le dernier roi de Columbo lui avait légué son pays.

1601 Pedro Teixeira revient de son premier voyage en Orient; après avoir été à Ormuz, il avait traversé la Perse, visité les Filippines et la Nouvelle-Espagne. Il fit plus tard un second voyage au sujet duquel il a écrit en espagnol un ouvrage fort curieux, publié en 1610 à Anvers.

1602 Benoît de Goes, jésuite portugais, commence ses voyages en Asie afin de découvrir la Grande-Catay. Il parcourt pendant trois ans l'intérieur de l'Asie, s'acheminant toujours par le nord de l'empire de Mogol vers l'orient depuis le pays des Usbegs jusqu'en Chine. Il acquiert la conviction que la Grande-Catay n'était autre chose que la Chine.

—— Voyages d'Antoine de Gouvêa en Perse, et à travers les déserts de l'Arabie.

1603 Salvador Ribeiro de Sousa, après de nombreux exploits à Pégu, est proclamé roi de ce pays.

1606–1607 Nicolas d'Orta vient par terre de Goa en Portugal, en suivant le chemin des caravanes. Il traverse Lara, Xirás, Romus, Bagdad, Ana, Taibe, Alep et Alexandrie d'où il passe à Marseille et de là à Madrid.

—— Fr. Gaspard de Saint-Bernardin fait naufrage près de l'île Saint-Laurent. Il part ensuite pour Mombaza et Ormuz; visite la Perse, la Chaldée, la Syrie et les îles de Chypre, de Candie, de Zante, de Céphalonie et de Corfou, d'où il revient en Espagne, et ensuite en Portugal.

Ces deux voyageurs ont écrit l'histoire de leurs voyages.

1607 L'empereur du Monomotapa cède aux Portugais des mines d'or, d'argent, de cuivre, etc. dans ses états. L'exploitation de ces mines force les Portugais à bâtir les forts de Massapa et de Chicova.

1609 Les Portugais occupent l'île de Sundiva, tout près de Bengala. Sébastien Gonçalves Tibao gouverna cette île et prit au roi de Bacalá les îles de Xavapur et de Patelavanga, et quelques autres provinces à d'autres rois.

1611 Dom Alvaro de Costa vient, par terre, de l'Inde en Portugal.

1612 Les Portugais occupent Benderabasi (Gomroun) entre Ormuz et Kismish. Ils y bâtissent deux forts.

1613–1615 A la suite d'un de ses voyages d'exploration à l'île Saint-Laurent, un pilote portugais mouille à l'île Cerno, antérieurement découverte par les Portugais. Les Hollandais donnèrent ensuite à cette île le nom d'île Maurice et les Français celui d'île de France.

1614–1615 Jérôme d'Albuquerque Coelho oblige les Français à abandonner Maranhão, au Brésil, et y fonde une colonie portugaise, la première de la province de ce nom.

1615–1616 François Caldeira Castello Branco fonde la ville de Pará (Brésil) et en est nommé capitaine-major.

—— Les Portugais occupent le port et la citadelle de Soar sur la côte d'Arabie.

—— Le roi de Siam accorde au vice-roi de l'Inde la permission de bâtir un fort près du port de Martavão.

1619–1620 Le roi de Dongo, dans l'intérieur de l'Afrique occidentale, devient tributaire de la couronne de Portugal.

1622–1624 Missions du jésuite portugais Jérôme Lobo à Mozambique, dans le pays des Galas et en Abyssinie. Ce missionnaire a laissé l'itinéraire de ses voyages.

1624 Voyage du jésuite portugais Antoine d'Andrade au Thibet. Il arrive à Caparangua, résidence du roi du Thibet, deux mois après avoir quitté Agra. Il visite aussi le pays d'Ussang près de la Chine. On lui doit un travail sur ses voyages qui furent assez longs et fort accidentés.

1629 Le jésuite Emmanuel d'Almeida fait la catéchèse en Abyssinie.

1635 Voyage du jésuite portugais Jean Cabral au Thibet par la voie du Bengale. Il a laissé une histoire de son voyage qui fut difficile et plein de dangers.

1637–1639 Pierre Teixeira se rend de Para à Quito en suivant la voie fluviale du Maranhão ou Amazonas, jusqu'au point où arrivent les eaux du fleuve Napo. Il entre par Napo, qui, à quelque distance prend le nom de Coca, et navigue jusqu'à peu de distance de Quito où il arrive par terre.

1639 Pierre de Costa Favella navigue, le premier, sur le Rio Negro.

1640–1648 Voyages du jésuite portugais Gabriel de Magalhães dans la Chine, qu'il parcourt dans tous les sens. Il fixe sa résidence à Pekin où il passe le reste de ses jours. On lui doit une curieuse description de la Chine.

1648 Le 15 août, Salvador Correia de Sá Benevides, gouverneur de Rio de Janeiro, reprend aux Hollandais le royaume d'Angola. Le roi de Congo cède aux Portugais l'île de Loanda. Le chef-lieu du royaume reçoit dès lors le nom de San Paulo d'Assumpção de Loanda.

1651 François Dias Velho Monteiro, accompagné de sa famille et de 500 Indiens déjà convertis au christianisme, s'établit à l'île des Patos, aujourd'hui Saint-Catherine, près de la côte du Brésil.

1660 Un Portugais nommé Melgueiro, pilote d'un navire hollandais, part du Japon au mois de mars, arrive au 84° nord, passe entre le Groenland et le Spitzberg et, laissant à gauche Scotia, arrive jusqu'au Tage. Ce fut le premier voyage poussé jusqu'à cette latitude.

1693 Le jésuite Emmanuel Godinho vient de l'Inde en Portugal par terre. Il a laissé une notice sur son voyage.

1671 Louis Lopes de Sequeira occupe Pungoandongo dans l'Afrique occidentale. Le roi d'Angola se précipite du haut d'un rocher et la possession des deux royaumes, de Loanda, et Benguella où Emmanuel Cerveira avait fondé le fort Saint-Filippe, en l'an 1617, se trouve dès lors assurée au Portugal.

1680 Bernardin Freire d'Andrade et son successeur au

gouvernement de San Thomé (mars à septembre) par ordre du roi D. Pedro II, bâtissent le fort de Saint-Jean Baptiste d'Ajuda.

1682 Barthélemy Baena de Silva et son fils arrivent à Goyaz en Amérique. Le fils découvre tout le pays dont on a plus tard formé la capitainerie de Goyaz.

1696 Les Portugais découvrent les perles de la mer de Sofala à 30 lieues de l'embouchure du Luabo. Ils découvrent aussi les mines d'argent du royaume de Mocranga situées à Nhanace, près de Tete et du Zambeze.

1716 Premier voyage d'exploration au fleuve Madeira (Brésil).

1719 Les Portugais découvrent des mines d'or à Cuiabá, Goyaz, Serro du Frio, etc., au Brésil. A Serro du Frio on découvre aussi des mines de diamants.

1722 Un roi puissant de l'île Saint-Laurent envoie des ambassadeurs en Portugal pour offrir au roi les ports de son royaume et le droit d'y faire bâtir des forts.

1723 Deuxième voyage d'exploration au fleuve Madeira. (Brésil).

1726 Fondation de la colonie de Goyaz au Brésil.

1727 Alexandre Metello entre à Pekin, comme ambassadeur du roi du Portugal, pour complimenter le nouvel empereur.

1727-1728 Les Portugais découvrent de nouvelles mines de diamants au Brésil.

1735-1737 Le Portugais Antonio Ribeiro Sanches, médecin de l'armée russe, explore, par ordre de l'empereur de Russie, l'Ukraine, les rives du Don jusqu'à la mer de Zabache, et les limites de Cuban jusqu'à Azof; traverse les déserts entre la Crimée et Backmut; visite le pays des Calmouks, depuis le royaume de Cazan jusqu'aux bords du Don, les Tartares de la Crimée, de Nogai et de Kergissè, et Tcheremissi au nord d'Astrakan, depuis 50° jusqu'à 68° lat. nord.

1735-1737 Les Portugais habitant Cuiabá fondent la colonie de Matto-Grosso au Brésil.

1741-1743 Les habitants de Matto Grosso explorent le fleuve Aporé et le pays Corumbijara.

1749 Les Portugais se rendent de Gran-Pará à Matto Grosso par les fleuves Amazones, Madeira, Cachoeiras et Aporé.

1759 François Emmanuel de Lira occupe Pedra d'Encoge dans l'Afrique occidentale.

1764 Dom François Innocencio de Sousa Coutinho bâtit un fort à Novo Redondo, entre Benguella et Loanda, dans l'Afrique occidentale.

1774-1775 Les Portugais explorent les fleuves Amazones et Negro.

1787 Le Portugais Emmanuel de Gama explore Rio Branco en Amérique, par ordre du gouvernement, et en dresse la carte.

1797 Vincent Ferreira Pires arrive à Dahomey, comme ambassadeur du roi de Portugal. Il a laissé des écrits au sujet de son voyage.

—— François Nunes tâche de découvrir un passage du fleuve Capim au fleuve Piauhy.

1798 François Joseph de Lacerda et Almeida chargé, par le gouvernement portugais, de découvrir une communication, par terre, entre l'orient et l'occident de l'Afrique, arrive à Cazembe où il trouve la mort.

1799 François Honorato de Costa arrive à Cazembe, après être parti de l'Afrique occidentale par ordre du capitaine-général d'Angola.

1806-1811 Pierre Jean Baptiste et Anastacio François, commissaires volants *(pombeiros)*, par ordre du lieutenant colonel François Honorato de Costa, directeur de la foire de Mucary, district de Pungoandongo, quittent le 6 mai 1806 Muropue et se dirigent vers la côte orientale de l'Afrique. Le 20 juin ils traversent la rivière Caginregi, et s'arrêtent pendant un mois à Muene Casamba. Le 9 août ils se remettent en route, traversent une seconde fois Cangiregi, et, avant d'arriver à Cazembe, passent d'autres rivières, telles que Maconde Reu, Cusbella, Ropoeja, Lubilage, Quipaca, Rupele, Branco, Lububuri, Camonqueje, Luafupa, Camoa, Lualaba, Catomla, Huita Amatete, Mulonga Ancula, Luigila, Chafim, Bacasacala, Ancula, Anoula, Rilomba, Quimane, Murucuxy,

Luviri, Mussumbe, Cavulacango, Lutipuca, Luapula, Lufulo.
Capueje, Belenje, Canengua et Mouva, près de laquelle est
située la résidence de Cazembe, qui reçoit chez lui les deux
voyageurs le 1er janvier 1807. Ils sont forcés de s'y arrêter
pendant quatre ans à cause de la guerre des muizas contre
Cazembe. Vers la fin de 1810 ils reprennent leur marche vers
Tete où ils arrivent le 2 février 1811. Au mois de mai suivant
ils se mettent en route, se rendent de Tete à la contre-côte.
et arrivent à Angola.

1807–1809 Des expéditions portugaises traversent le continent africain d'Angola à Mozambique et vice-versa.

—— Joseph Joaquim de Silva, lieutenant de la marine portugaise, dresse la première carte hydrographique de la côte
du Brésil depuis le Pará jusqu'au Maranhão.

1811 Les Portugais explorent les fleuves Guaporé, Mamoré,
Madeira, Arinos, Tapajoz et Xingu, affluents de l'Amazone.

1831 Le major Joseph Marie Correia Monteiro et le capitaine
Antoine Candido Pedroso Gamitto quittent Tete le 1er juin,
pour se rendre à Cazembe, d'où ils écrivent au gouverneur
général d'Angola une dépêche qui arrive à sa destination le
25 avril 1839, apportée par un commissaire volant *(pombei-
ro)*, qui avait pénétré à Lunda, lieu important de Cazembe.
Les deux officiers retournent à Tete après quelques mois de
séjour à Cazembe.

1852 Le 3 avril trois négociants maures, venant de Zanzibar par terre, arrivent à Benguella. Arrêtés à Calauga ils se
trouvaient sans marchandises pour continuer leur voyage. Le
major portugais François Joseph Coimbra résidant à Bihé,
vient à leur aide et les encourage à poursuivre leur route
jusqu'à Benguella. De là ils retournent sur leurs pas, accompagnés du Portugais Antoine François Ferreira de Silva Porto, lequel, après 107 jours de marche, s'arrête à Cutonge,
d'où il envoie toutefois ses émissaires à Mozambique, où ils
arrivent le 12 novembre 1854.

Il reste encore au Portugal de ses anciens domaines dont le chapitre précédent ne donne qu'un faible aperçu, outre l'archipel des Açores et les îles de Madère et de Porto Santo, des possessions assez importantes en Afrique, en Asie et en Océanie.

Ces possessions ou colonies forment six provinces divisées comme suit :

Cap-Vert, comprenant tout l'archipel de ce nom et les possessions de la Sénégambie ou Guinée portugaise ;

Saint-Thomas et Prince, comprenant les îles de Saint-Thomas et du Prince, et l'établissement d'Ajuda ;

Angola, comprenant tout le territoire portugais au sud de l'équateur dans l'Afrique occidentale ;

Mozambique, comprenant tout le territoire portugais dans l'Afrique orientale ;

L'État de l'Inde, comprenant tout le territoire de Goa, Nouvelles-Conquêtes *(Novas Conquistas),* Damão et Diu ;

Macao et Timor, comprenant Macao et tout le territoire portugais de l'île de Timor.

Ces six provinces coloniales constituent autant de gouvernements. Les gouverneurs, chargés d'attributions civiles et militaires, étendent leur juridiction à tout le territoire respectif et portent le titre de gouverneurs généraux dans les quatre provinces du Cap-Vert, d'Angola, de Mozambique, et de l'État de l'Inde, et de simples gouverneurs dans les deux autres provinces de Saint-Thomas et Prince, et de Macao et Timor.

Chaque gouverneur est assisté d'une *junte du gouvernement*. Dans chaque province fonctionne un tribunal administratif sous le titre de *junte de la province,* dans les provinces d'Angola et de l'Inde il y a aussi des juntes générales, sorte de parlements coloniaux.

Les finances de chaque province et tout ce qui les concerne sont du ressort d'une junte des finances publiques *(junta da fazenda publica).*

Les gouverneurs généraux des provinces sont nommés par le roi, ils possèdent le titre de conseillers honoraires *(carta de conselho)* et jouissent des distinctions qui revenaient jadis aux capitaines généraux. Les simples gouverneurs sont également nommés par le roi et jouissent des honneurs qui reviennent aux gouverneurs civils des provinces de la métropole et aux généraux de brigade.

Le gouverneur est le magistrat supérieur de la province, les autres autorités lui sont subordonnées; il a toutes les attributions civiles et militaires, sauf dans les affaires judiciaires lorsque, d'après la loi, il ne préside pas à quelque tribunal de justice; en outre, il préside à la junte du gouvernement et à celle des finances; il peut nommer provisoirement des employés pour les places qui deviennent vacantes mais dont la nomination définitive dépend de la décision royale, et nomme définitivement tous ceux dont le traitement annuel ne dépasse pas la somme de 1,666 francs (300,000 réis); il nomme encore les administrateurs ou chefs des municipalités *(concelhos);* ordonne la dissolution de tous les corps administratifs élus et fait faire des enquêtes aux fonctionnaires publics; il choisit les membres de la junte de la province; accorde ou refuse le droit d'intenter des procès criminels contre les fonctionnaires administratifs pour faits ayant trait à l'exercice de leurs fonctions, mais doit pour cela consulter préalablement la junte du gouvernement, junte à laquelle les juges ne sont pas appelés.

Dans chaque gouvernement il y a un secrétaire nommé par le roi, qui est aussi le secrétaire de la junte du gouvernement et de la junte de la province; ce fonctionnaire vote dans les deux juntes, et a sous son immédiate inspection la presse du gouvernement et la publication du *Bulletin officiel.*

La junte du gouvernement, sous la présidence du gouverneur, est constituée de la manière suivante :

Le secrétaire du gouvernement.

L'autorité supérieure ecclésiastique de la province.

Les juges effectifs de la seconde instance, ou le juge du chef-lieu de la province, lorsqu'il n'y a pas de seconde instance.

Les deux officiers de ligne du grade le plus élevé, présents dans le chef-lieu de la province.

Le procureur de la couronne dans les provinces où il y a une seconde instance, ou le délégué respectif dans le chef-lieu des autres provinces.

Le secrétaire de la junte des finances.

Le chef du service de santé publique.

Le président de la chambre municipale du chef-lieu de la province.

Le curateur *(curador)* des individus libérés d'après la loi du 29 d'avril 1875.

Cette junte doit être consultée sur toute affaire grave et, spécialement, sur celles qui ont trait aux mesures de nature législative ou réglementaire. Le gouverneur n'est pas toujours obligé de se conformer au vote de la majorité de la junte ; toutefois il a besoin de la majorité des voix pour déclarer urgente une mesure législative ou pour contracter des emprunts.

La junte générale de la province *(junta geral)* n'existe qu'à Angola et dans l'Inde, d'après la loi du 1er décembre 1869. Dans les autres provinces, excepté Macao et Timor, où il n'y a pas de junte générale, la réunion de ces corps électifs n'est pas encore autorisée.

Dans l'État de l'Inde les juntes générales se composent ainsi qu'il suit :

L'autorité supérieure ecclésiastique.

Le secrétaire général du gouvernement.

Le procureur de la couronne et des finances.

Le secrétaire de la junte des finances.

Un représentant de chaque chambre municipale de la province, choisi par le gouverneur sur triple liste.

Le chef du service de santé publique.

Le directeur des travaux publics.

Quatre professeurs des écoles supérieure et secondaire.

Dans la province d'Angola, au lieu des deux derniers éléments :

L'ingénieur principal de la province, un professeur de l'école principale, deux représentants du commerce de Loanda, et un représentant du commerce de Benguella, choisis par le gouverneur de la même façon que les représentants des chambres municipales.

Le code administratif décrété le 18 mars 1842 pour la métropole a été considéré en vigueur dans les colonies portugaises par le décret du 1er décembre 1869, qui a réorganisé l'administration publique de ces mêmes colonies.

Les juntes générales des provinces outre qu'elles ont les mêmes attributions que les corps analogues dans la métropole d'après le code administratif, doivent encore :

Voter les travaux publics de la province à l'exception de ceux qui concernent les forts, les édifices destinés au service du gouvernement, à l'administration de la justice et des finances, et les établissements militaires ; voter des travaux et des services pour améliorer la santé publique ; créer des écoles d'instruction primaire, industrielle et commerciale ; veiller au régime des établissements de bienfaisance ; créer des recettes pour faire face aux dépenses votées sans toutefois altérer les tarifs douaniers ou les impôts sur le traitement des fonctionnaires de l'État ; pourvoir enfin à tous les services d'utilité générale pour la province.

Le gouverneur général exécute les délibérations de la junte générale de la province.

Les membres élus pour la junte servent gratuitement et leur mandat finit au bout de deux ans.

Dans chaque province il y a une junte de la province composée du gouverneur, président, du sécrétaire général, du procureur de la couronne et des finances, dans les provinces où il y a une seconde instance, ou du délégué respectif dans les autres provinces, et de deux membres choisis par le gouverneur sur une triple liste présentée par la junte générale où elle fonctionne, ou par la chambre municipale du chef-lieu de la province où il n'y a pas de junte générale. Les membres élus servent pendant un an.

Ces juntes des provinces ont les mêmes attributions que les conseils de districts dans la métropole, et jugent aussi du mérite des candidats aux emplois publics.

La junte des finances se compose du gouverneur de la province, président, du procureur général de la couronne, ou du délégué dans les provinces où il n'y a pas de tribunal de seconde instance, du secrétaire nommé par le roi, et du trésorier général nommé par la junte et confirmé par le roi.

La junte des finances administre et fiscalise les revenus et les dépenses de la province; on ne peut en appeler de ses décisions que devant le roi. La réception, la garde et l'administration des biens des défunts et des absents sont également du ressort de la junte des finances (décrets du 18 septembre 1844, du 4 décembre 1851, du 10 septembre 1859 et du 23 juillet 1863).

Chaque province se divise en districts qui sont gouvernés par des officiers militaires nommés par le roi. Ces gouverneurs subalternes exercent encore, sous les ordres du gouverneur respectif, des fonctions civiles et militaires, commandent la force militaire de leurs districts et, dans les cas où ils ne reçoivent pas d'instructions du gouverneur respectif, ont les attributions qui appartiennent aux gouverneurs civils (préfets) dans les districts de la métropole, indépendamment des juntes des districts et des juntes générales.

Chaque district se divise en municipalités *(concelhos)*, division qui tient le milieu entre la mairie et la commune en France, où il y a un administrateur nommé par le gouverneur de la province et une chambre municipale élue par le peuple. L'administrateur peut être en même temps commandant de la force militaire.

Le *concelho* dont les habitants ne peuvent pas constituer une chambre municipale, faute de personnes aptes, d'après la loi, aux fonctions respectives, est gouverné par un chef qui réunit des attributions civiles et militaires; ce chef et deux citoyens nommés annuellement par le gouverneur de la province, constituent une commission municipale ayant les attributions des chambres municipales proprement dites.

Dans le chef-lieu de chaque province il y a un «Bulletin officiel», qui publie les lois, les décrets, les règlements et autres dispositions locales, ainsi que des rapports et des travaux statistiques d'intérêt public.

L'article 132 de la *Charte Constitutionnelle* accordée aux Portugais, le 29 avril 1826, par l'empereur du Brésil dom Pedro 1er et roi de Portugal (Pierre IV), portait que «l'administration des provinces demeurerait telle quelle jusqu'à ce qu'elle fût altérée par loi».

Lors de la réforme du code politique portugais *(Acte additionnel* du 5 juillet 1852), l'article 15 portait:

«Les provinces outremarines pourront être gouvernées par des lois spéciales, d'après les nécessités de chacune d'elles.

§ 1er En l'absence des cortès, le gouvernement, ayant entendu et consulté les bureaux compétents, pourra décréter en conseil des mesures législatives d'urgence reconnue.

§ 2e Le gouverneur général d'une province outremarine, ayant entendu sa junte de gouvernement, pourra également prendre d'urgence les mesures indispensables et que l'on n'aurait pas eu le temps de soumettre à la décision des cortès ou du gouvernement.

§ 3e Dans les deux cas, le gouverneur soumettra aux cortès, dès qu'elles seront ouvertes, les mesures qu'il aurait prises.

§ 4e La disposition de l'article 132 de la Charte constitutionnelle relative aux provinces outremarines est ainsi déterminée.»

D'ordinaire et à peu d'exceptions près, les mesures concernant les colonies ont presque toujours été prises selon la nouvelle disposition de l'acte additionnel à la Charte.

Jadis il y a avait un conseil outremarin *(conselho ultramarino)* ayant plusieurs attributions. Ce conseil, créé au temps de Jean IV (décret du 14 juillet 1642), a été supprimé lors du rétablissement de la Charte (décret du 30 août 1833). Créé de nouveau le 23 septembre 1851, il a été de nouveau supprimé le 23 septembre 1868 et remplacé par une junte consultative *(junta consultiva do ultramar)*, près le ministère de la Marine et des Colonies, laquelle junte est entendue sur la rédaction et l'interprétation des règlements ou décrets concernant l'administration des colonies, sur les propositions de loi à soumettre aux cortès et sur tous les contrats ayant trait à l'exploitation agricole, minière, industrielle ou commerciale des colonies.

Cette junte a aussi le droit de proposer au gouvernement des mesures d'intérêt général concernant l'administration du service public, la prospérité ou la civilisation des colonies.

D'après l'article 15 de l'acte additionnel, le ministre de la Marine et des Colonies peut, après avoir consulté la junte des colonies, résoudre sans retard les questions les plus importantes.

Les provinces portugaises outremarines jouissent des droits politiques qui sont accordés à la métropole.

Elles envoient leurs deputés aux cortès par élection directe sur la base censitive d'un minimum de 1,000 réis (frs. 5,55) de contribution directe pour les électeurs et de 4,000 réis (22,22) pour les députés, d'après le décret du 23 novembre 1859. Les gouverneurs et leurs secrétaires, de même que les autres personnes pour lesquelles il y aurait incompatibilité dans la métropole, ne peuvent être élus dans la circonscription respective (décret du 30 septembre 1852).

Le décret du 18 mars 1869 a divisé les provinces outremarines en 7 circonscriptions électorales, cependant la loi du 3 juin 1870 a divisé la province de Macao et Timor en deux circonscriptions électorales, de manière que la représentation des provinces outremarines aux cortès a été jusqu'à présent de 8 députés ainsi qu'il suit:

Provinces	Circonscriptions	Députés
Cap-Vert.	S. Thiago	1
Saint-Thomas et Prince. .	S. Thomé	1
Angola.	Loanda.	1
Mozambique	Mozambique	1
Inde portugaise	Nova Goa	1
	Margão.	1
Macão et Timor	Macao	1
	Dilly	1

Une loi nouvelle du 8 mai 1878 est venue augmenter la représentation parlementaire des colonies portugaises. Dorénavant il y aura douze députés ainsi répartis :

Provinces	Circonscriptions	Députés
Cap-Vert	Sotavento	1
	Barlavento	1
Saint-Thomas et Prince. .	S. Thomé.	1
Angola.	Loanda (1ère)	1
	Loanda (2e).	1
Mozambique	Mozambique	1
	Quelimane	1
Inde portugaise	Nova Goa	1
	Mapuçá	1
	Margão.	1
Macao et Timor	Macao	1
	Dilly	1

Chaque province paye le subside annuel de ses députés et leurs frais de voyage.

Le code pénal décrété pour la métropole le 10 décembre 1852, a été mis en vigueur dans les colonies portugaises par le décret du 18 décembre 1854, et la loi du 1er juillet 1867 ayant aboli pour les crimes civils la peine de mort et celle des galères, cette même disposition humanitaire a été étendue aux colonies par le décret du 9 juin 1870.

Le code civil approuvé par la loi du 1er juillet 1867 a été de même appliqué aux colonies (décret du 18 novembre 1869), exception faite de quelques anciennes coutumes qui règlent les différences entre certains indigènes et respectent le libre exercice de leur religion, spécialement pour ce qui concerne les mariages.

Les colonies portugaises se divisent en deux grandes circonscriptions judiciaires (décret du 17 novembre 1869), la circonscription orientale et la circonscription occidentale, ayant chacune un tribunal de seconde instance, ainsi qu'il suit.

Districts judiciaires	Provinces	Arrondissements	Nombre des juges de 1ère inst.
Goa . .	Mozambique.	Mozambique. . . .	1
		Quelimane.	1
		Inhambane.	1
		Lourenço-Marques .	1
	Macao et Timor. . . .	Macao.	1
	Inde portugaise. . . .	Iles de Goa.	1
		Bardez.	1
		Salsete.	1
Loanda .	Cap-Vert.	Sotavento	1
		Barlavento	1
		Guinée	1
	Saint-Thomas et Prince	S. Thomé	2
	Angola.	Loanda	2
		Benguella	1
		Mossamedes	1
		Ambaca	1

D'après le décret du 30 novembre 1869, l'enseignement, tant public que particulier, dans les provinces outremarines, est subordonné à la fiscalisation du gouvernement, laquelle s'exerce au moyen de conseils inspecteurs composés de sept membres à Angola et dans l'Inde, et de cinq dans les autres provinces. Ces conseils sont présidés par le gouverneur de la province respective, et l'autorité supérieure ecclésiastique en fait toujours partie ; ils fonctionnent dans le chef-lieu de la province, émettent leur opinion sur tout ce qui concerne l'instruction dans la province, le service des professeurs et la discipline scolaire, font la statistique des écoles et présentent tous les ans un rapport au gouvernement de la métropole. Ces conseils proposent et les gouverneurs nomment deux individus par circonscription *(juntas locaes),* qui doivent exercer, hors du chef-lieu, une inspection sur l'enseignement. Ces comités nomment des délégués pour l'inspection des écoles situées à une grande distance. Tout ce service est gratuit.

L'enseignement primaire élémentaire se divise en deux catégories.

Les gouverneurs, sur délibération des juntes générales, peuvent créer des chaires des deux catégories et en nommer provisoirement les professeurs. Tous les enfants de 9 à 12 ans doivent fréquenter l'école la plus voisine de leur domicile dans un rayon de 3 kilomètres. Les gouverneurs, ayant consulté le conseil inspecteur, pourvoieront à ce que les pères ou tuteurs des enfants accomplissent ce devoir.

Dans chaque chef-lieu de province et de gouvernement subalterne il doit y avoir une école primaire pour les jeunes filles. Les appointements des professeurs varient selon les provinces.

Le même décret du 30 novembre 1869 pourvoit à l'instruction secondaire dans quelques provinces et à l'enseignement supérieur à Goa, lequel a été réformé le 11 novembre 1871.

La force militaire des provinces outremarines portugaises se compose de soldats européens et indigènes, et d'officiers appartenant aux cadres respectifs ou détachés de l'armée métropolitaine.

Les officiers de l'armée métropolitaine employés au service des colonies ont droit à un grade d'avancement qui leur est acquis, dans la métropole, après cinq ans d'exercice de la commission de gouverneurs de quelqu'une des six provinces.

et après six ans d'exercice de toute autre commission militaire (décret du 10 septembre 1846).

Les soldats et les sous-officiers européens servent pendant quatre ans dans les provinces d'Afrique et à Timor, et pendant cinq ans dans l'Inde et à Macao (décret du 2 décembre 1869).

Tout officier employé au service de la Guinée touche un supplément de solde de 50 pour cent, les sous-officiers reçoivent un supplément de 40 réis (fr. 0,22) et les soldats un supplément de 20 réis (fr. 0,11) par jour (décret du 9 octobre 1855). Les officiers et les soldats en service à Damão et à Diu touchent un supplément de solde de 25 pour cent (décret du 2 décembre 1869).

Le temps de service des officiers, des sous-officiers et des soldats européens dans les colonies portugaises se compte, pour la retraite et le droit aux décorations militaires, à raison de 150 pour cent (décret cité du 2 décembre 1869).

L'administration militaire dans les colonies est régie par les décrets du 2 décembre 1869, du 11 novembre 1871 et du 3 février 1876, ainsi que par la loi générale concernant le service dans la métropole.

La loi du 3 février 1876 a autorisé le gouvernement à créer un régiment, composé de trois bataillons, pour le service des colonies. Ce corps est organisé à Lisbonne. Il se compose d'un colonel, d'un lieutenant-colonel, de trois majors, de trois aides de camp, de trois médecins, de trois aumôniers, de douze capitaines, de quarante-huit sous-officiers et de mille cent quarante-neuf soldats et caporaux.

On accorde un grade d'avancement aux officiers de ce régiment, et on en détache les bataillons destinés aux provinces de Macao et de l'Inde, où ils sont obligés de servir pendant deux ans aux mêmes conditions que les autres corps. Un bataillon reste toujours à Lisbonne.

Les soldats ayant commis quelque délit et condamnés à servir dans les colonies, y sont envoyés pendant le temps marqué par les tribunaux militaires.

Voici un tableau résumé de la force militaire complète des colonies portugaises:

TABLEAU EXPLICATIF DU CADRE DE LA FORCE ARMÉE DANS LES COLONIES

Provinces	Désignation des corps	État complet		Tous	Observations
		Officiers	Soldats		
Cap-Vert	Bataillon de chasseurs n° 1 et police . .	24	506	530	Dans la province d'Angola il y a encore 2 bataillons de chasseurs de la 2e ligne et 28 compagnies mobiles dont la force numérique varie suivant les exigences du service.
S. Thomas et Prince	Bataillon de chasseurs n° 2 et 1ère compagnie de police.	16	454	470	
Angola.	Bataillons de chasseurs nᵒˢ 3, 4 et 5, batterie d'artillerie et police	69	2:206	2:275	
Mozambique . . .	Bataillons de chasseurs nᵒˢ 1, 2 et 3 . .	65	1:344	1:409	
Inde	2e bataillon du régiment des colonies et corps de police.	89	1:558	1:647	
Macao	1er bataillon du régiment des colonies, compagnie de Timor et police	33	897	930	
	Totaux	296	6:965	7:261	

Le service des hôpitaux et celui de la santé publique a été réglé par les décrets du 2 décembre 1869 et du 24 novembre 1874.

Les médecins militaires et les pharmaciens sont répartis dans les provinces suivant l'étendue et les besoins de ces mêmes provinces.

Un décret du 3 décembre 1869 a organisé le service des travaux publics dans les provinces outremarines, en créant dans chaque province un conseil technique composé du gouverneur de la province, président, du directeur général des travaux publics et, en son absence, de l'officier du génie le plus élevé en grade, du secrétaire de la junte des finances, du procureur de la couronne ou de son délégué, et d'un citoyen élu par la municipalité. L'examen de tous les services concernant les travaux publics de la province respective est du ressort du conseil technique.

L'organisation du conseil technique a été modifiée lors des expéditions européennes de travaux publics dans les provinces occidentales et orientales de l'Afrique (décrets du 23 décembre 1876 et du 19 février, du 4 septembre, et du 19 octobre 1877). Le conseil du service technique se compose maintenant, dans lesdites provinces, du gouverneur, président, du directeur des travaux publics et de l'officier du génie le plus élevé en grade se trouvant dans le chef-lieu de la province.

Une loi du 12 avril 1876 avait autorisé le gouvernement portugais à prélever un emprunt de 1,000,000,000 réis (5,555,555 francs), qui devait être appliqué à des travaux publics dans les provinces de l'Afrique orientale et occidentale. L'intérêt et l'amortissement de cet emprunt sont à la charge des quatre provinces africaines portugaises qui doivent y pourvoir au moyen des impôts spéciaux depuis longtemps créés dans chaque province pour subvenir aux dépenses des améliorations matérielles respectives. Le décret du 28 décembre de la même année a réparti les 1,000,000,000 réis indiqués comme il suit:

A la province du Cap-Vert	. . . .	100,000,000
»	S. Thomas et Prince	100,000,000
»	Angola	400,000,000
»	Mozambique	400,000,000
		1,000,000,000

En présence de cette autorisation le gouvernement portugais a organisé des expéditions d'ingénieurs, d'employés et d'ouvriers pour chacune des quatre provinces africaines. Ces expéditions ont commencé leurs travaux qui prennent tous les jours le développement compatible avec les moyens dont on dispose et aussi avec le climat de chaque province. Dernièrement par le décret du 9 mai 1878 on a alloué un nouveau crédit de 800,000,000 réis (4,444,444 francs) pour la continuation des travaux entrepris. Tous les ans les cortès pourvoiront aux moyens de rendre aux colonies de l'Afrique portugaise les conditions de bien-être matériel auquel elles ont un droit incontestable et dont les frais sont à la charge des mêmes provinces.

Les impôts spéciaux pourraient difficilement à eux seuls réaliser dans un certain délai les améliorations matérielles dont le besoin se fait sentir; comme base d'opérations successives de crédit ils rendront un bien meilleur service. De nouvelles routes, l'amélioration des ports, des phares, le chemin de fer de Lourenço Marques à Libombo, le dessèchement des lagunes et plusieurs autres travaux publics d'une nécessité immédiate et reconnue, opéreront dans peu d'années, nous l'espérons, une transformation complète dans les colonies portugaises de l'Afrique, en y développant des ressources qui compenseront largement tous les sacrifices faits pendant ces premiers temps.

La loi du 21 août 1856 autorise dans les colonies portugaises l'aliénation de terres appartenant à l'État, par contrat de vente ou bail emphytéotique. Le prix de la vente doit être versé comme il suit: un cinquième dans les 30 jours à compter de la date du contrat respectif, et les autres quatre cinquièmes dans l'espace de 10 années, mais surchargés de l'intérêt de 2 pour cent sur la somme à découvert. L'acheteur peut payer tout de suite le prix du terrain, ou devancer le payement des annuités, en liquidant et en payant l'intérêt de 2 pour cent jusqu'au jour de la clôture de la transaction. L'acheteur du terrain par emphytéose peut racheter le canon emphytéotique respectif, en tout ou en partie, en payant 14 fois ledit canon, comme l'on fait en cas de vente. Les étrangers peuvent acquérir des terrains soit pour la construction de maisons et de fabriques, soit pour augmenter la colonisation et l'agriculture. La même loi accorde l'exemption des droits de douane pendant cinq ans aux machines, outils et matériaux destinés aux constructions à élever sur les terrains ainsi achetés, et l'exemption des contributions directes pendant 10 ans aux produits récoltés sur les terres défrichées, pendant 20 ans aux produits des marais désséchés, et pendant 30 ans à ceux des terrains conquis sur la mer ou les fleuves.

Un décret du 4 décembre 1861 a fixé à 10 reis (fr. 0,05) par hectare le canon pour les deux provinces d'Angola et de Mozambique.

Le décret du 4 décembre 1861 a été homologué par les cortès le 17 mars 1863 et converti en loi le 7 avril suivant. Cette loi a étendu à la province du Cap-Vert les dispositions du dit décret. Le règlement du 10 octobre 1865 prescrit la forme à employer pour la concession des terrains appartenant à l'État, dans les provinces du Cap-Vert, d'Angola, de Mozambique et de l'Inde.

Un décret daté du 4 décembre 1869 a autorisé la libre exploitation des mines dans les colonies portugaises, autant par les Portugais que par les étrangers, moyennant certaines préscriptions, clairement développées dans les onze chapitres de ce décret. Les mines de fer et de houille sont libres de tout impôt. Les autres mines payent 100 reis (fr. 0,55) par hectare de terrain et 1 pour cent de leur production. L'exportation des produits miniers est tout-à-fait libre. Les entreprises de mines peuvent importer, sans payer de droits, les outils, les machines et la houille nécessaires à leurs travaux.

Les colonies portugaises sont en communication régulière avec la métropole. Les bateaux à vapeur des compagnies de navigation nommées British India et Union, desservent la province de Mozambique et tous ses ports ainsi que l'État de l'Inde. Un bateau à vapeur sort du Tage tous les 28 jours pour se rendre aux ports des dites provinces, et se croise avec un autre transport qui revient à Lisbonne. Le trésor portugais paie une subvention de 9,000 livres sterling à la compagnie British India pour ce service.

Les colonies portugaises de l'Afrique occidentale sont desservies par les bateaux à vapeur de la compagnie Lusitana qui partent du Tage tous les 5 de chaque mois. Dans les 10 derniers jours de chaque mois arrive à Lisbonne l'un des vapeurs de cette compagnie. L'archipel du Cap-Vert a un service mensuel de communication entre les diverses îles, et aussi entre l'île chef-lieu et la Guinée portugaise. Dans la province d'Angola il y a un service régulier entre ses ports. Macao communique aussi régulièrement avec l'île de Timor. Hors du service subventionné ou privilégié entre la métropole et ses colonies, il y a d'autres communications régulières ou éventuelles au moyen de la poste étrangère, par Marseille pour les provinces orientales, et par Londres pour les colonies occidentales.

Dans chaque province le service postal est organisé depuis longtemps et on y a apporté successivement les réformes réclamées par les besoins respectifs. Les colonies portugaises jouissent depuis le 1er juillet 1877 des avantages de l'union générale des postes, d'après le traité de Berne du 9 octobre 1874 et l'arrangement du 27 janvier 1876.

Voici le tarif postal en vigueur dans les colonies portugaises:

Correspondances échangées entre les provinces outremarines et tout pays limitrophe faisant partie de l'Union Générale des Postes, ou entre lesdites provinces et un pays quelconque de l'Union pour lequel il n'y aurait pas de transport maritime:

Lettres affranchies . . . . 50 reis par 15 grammes
Livres, journaux et autres imprimés, échantil-
lons, etc. . . . . 15 reis par 50 grammes
Les lettres qui arrivent dans les provinces outremarines, *non affranchies,* payent . . . 100 reis par 15 grammes

Correspondances échangées entre les provinces portugaises outremarines et tout pays de l'Union Générale des Postes,
lorsqu'il existe un transport maritime :

Lettres affranchies. . . . . 100 reis par 15 grammes
Livres, journaux et autres imprimés, échantil-
lons, etc. . . . . 30 reis par 50 grammes
Les lettres qui arrivent dans les provinces ou-
tremarines *non affranchies,* ont à payer. . . 150 reis par 15 grammes
Taxe de recommandation par lettre ou par
paquet. . . . . 100 reis
Taxe d'avis de réception . . . . 40 reis

Les correspondances échangées entre les provinces portugaises outremarines, la métropole et les îles Açores et Madère, par des bateaux à voile ou à vapeur, continuent d'être
taxées d'après la loi du 14 février 1876, art. 1 et 2 et § 1er.
Cette loi a fixé les prix suivants :

LETTRES

Affranchissement facultatif au moyen de timbres-poste ou
d'argent :

Jusqu'à 15 grammes inclusivement. 50
Jusqu'à 30 grammes inclusivement. 100
Jusqu'à 45 grammes inclusivement. 150

Et ainsi de suite en augmentant de 50 réis sur chaque
15 grammes ou chaque fraction de ce poids en plus.
Non affranchies au moyen de timbres-poste ou en argent :

Jusqu'à 15 grammes inclusivement. 100
Jusqu'à 30 grammes inclusivement. 200
Jusqu'à 45 grammes inclusivement. 300

Et ainsi de suite en augmentant de 100 réis sur chaque 15 grammes ou chaque fraction de ce poids en plus.

JOURNAUX POLITIQUES, SCIENTIFIQUES, LITTÉRAIRES ET INDUSTRIELS, SOUS BANDE

Affranchissement obligatoire au moyen de timbres-poste ou en argent :

Jusqu'à 50 grammes inclusivement. 5
Jusqu'à 100 grammes inclusivement 10
Jusqu'à 150 grammes inclusivement 15

Et ainsi de suite en augmentant de 5 réis sur chaque 50 grammes ou chaque fraction de ce poids en plus.

IMPRIMÉS SOUS BANDE

Affranchissement obligatoire au moyen de timbres-poste ou en argent.

Ouvrages périodiques qui ne soient pas des journaux politiques, scientifiques, littéraires et industriels, et imprimés de toute autre espèce, brochures, livres brochés ou reliés, épreuves d'impression avec corrections faites à la main, catalogues, prix courants, annonces et prospectus, circulaires complètes, estampes, cartes, papiers de musique, lithographies, gravures et photographies, cartes de visite avec ou sans indication écrite de compliments, condoléance, adieux et remercîments, avis de mariage ou de naissance, invitations diverses complètes dans des enveloppes ouvertes, et lettres de faire part :

Jusqu'à 50 grammes inclusivement. 10
Jusqu'à 100 grammes inclusivement 20
Jusqu'à 150 grammes inclusivement 30

Et ainsi de suite en augmentant de 10 réis sur chaque 50 grammes ou chaque fraction de ce poids en plus.

MANUSCRITS SOUS BANDE

Affranchissement obligatoire au moyen de timbres-poste ou en argent.

Manuscrits n'ayant pas le caractère de lettres, et échantillons divers, polices, titres ou autres papiers de commerce lithographiés, imprimés ou gravés, contenant des espaces remplis de chiffres ou de caractères manuscrits destinés à compléter le texte :

Jusqu'à 50 grammes inclusivement 40
Jusqu'à 100 grammes inclusivement 80
Jusqu'à 150 grammes inclusivement 120

Et ainsi de suite, en augmentant 40 réis sur chaque 50 grammes ou chaque fraction de ce poids en plus.

CORRESPONDANCE ENREGISTRÉE

Chaque lettre ou paquet :

Prix fixe de l'enregistrement 100

Le port correspondant au poids suivant la classe de la correspondance enregistrée.

Ces prix sont doublés si le transport des correspondances est fait par des bateaux à vapeur subventionnés par le trésor portugais. Lorsque les bateaux sont subventionnés par des gouvernements étrangers, le tarif se règle d'après les accords postaux du Portugal avec ces gouvernements.

Une loi du 16 mai 1864 avait autorisé la création à Lisbonne d'une banque privilégiée et subventionnée par l'État, pour faire des opérations de banque, et émettre des billets au porteur dans toutes les provinces portugaises outremarines, Macao excepté. La nouvelle banque s'est nommée «Banque nationale outremarine» et son capital a été fixé à reis 4,000,000,000 (fr. 22,222,222), chiffre pouvant être élevé au triple. Les priviléges étaient garantis pour 15 ans. Diverses réformes ayant été effectuées en 1869, tendant à la diminution des dépenses publiques, la banque outremarine qui n'avait pas accompli ses obligations concernant la création de succursales et d'agences dans les districts désignés par la loi de 1864, fut dépossédée par le décret du 22 avril 1869, de sa subvention annuelle qui était de 30,000,000 reis (166,666 fr.). Une autre loi du 27 janvier 1876 a prorogé, pour la Banque nationale outremarine, à partir de l'expiration des premiers quinze ans que lui avait accordés la loi du 16 mai 1864, quelques-uns de ses privilèges. La Banque continue de jouir du monopole de la fondation et de l'administration d'établissements financiers dans les colonies portugaises, Macao excepté. Son capital a été fixé à 3.600,000,000 reis (fr. 20,000,000). Le monopole de l'émission de billets lui est garanti pour vingt ans, le minimum de la valeur du billet étant fixé à 1,000 reis (fr. 5,55). La banque a actuellement des succursales ou agences à Loanda, Benguella, Mossamedes, Saint-Thomas, Saint-Jacques du Cap-Vert, Goa et Mozambique.

Il n'existe point d'esclaves dans les domaines portugais; il n'est point rare toutefois, d'entendre des accusations sévères s'élever contre le Portugal au sujet de cette infâme traite des nègres qu'il a réprimée cependant par tous les moyens.

Nous ne croyons pas devoir répondre ici à ces accusations plus ou moins gratuites; il nous semble pourtant que nous avons le droit de constater les efforts que le gouvernement portugais a faits dans le but d'arriver à l'entière abolition de l'esclavage.

Ce fut sous l'administration du grand ministre le marquis de Pombal que furent prises les premières mesures tendant à l'affranchissement successif des esclaves. A cette époque, il y en avait, comme on le sait, jusque dans la métropole.

L'arrêté du 19 septembre 1761, ordonna que tout esclave venu des domaines outremarins fût, par le fait même de son arrivée sur le continent portugais en Europe, affranchi et libre.

Les motifs de cette résolution, avouons-le franchement,

ne furent pas autant les sentiments humanitaires que des principes d'ordre social et économique.

On voulut par ce moyen apporter une entrave à l'exportation des noirs des domaines portugais d'Afrique, d'Asie et d'Amérique, où ils étaient nécessaires à la culture des terres et à l'exploitation des mines, et éviter en même temps leur trop grande affluence dans la capitale où, ne trouvant pas toujours à s'employer, ils s'abandonnaient à l'oisiveté et aux vices qui en sont la conséquence.

Une autre mesure plus radicale encore fut décrétée par l'ordonnance du 16 janvier 1773. Cette ordonnance déclara libres tous les individus nés, à dater de ce jour, dans le royaume du Portugal et des Algarves, «quoique leurs mères aient été esclaves» et les considéra comme aptes «à tous les métiers, honneurs et dignités, sans la note distinctive d'*affranchis*, que la superstition des Romains établit dans les coutumes et que l'union chrétienne et la société civile rendent aujourd'hui intolérable dans le royaume, comme elle l'a été dans tous les autres pays de l'Europe».

Disons en passant que ce fut la régence éclairée de Terceira qui étendit aux îles des Açores, par décret du 19 mai 1832, les dispositions des deux ordonnances citées, qui jusqu'à alors n'y avaient point eu d'effet.

L'article 10 du traité d'amitié et d'alliance, signé à Rio de Janeiro le 19 février 1810, entre le prince régent de Portugal et le roi d'Angleterre, George III, et ratifié, du côté du Portugal, le 26 du même mois, porte «que le prince était entièrement convaincu de l'injustice et du mauvais effet politique du commerce des esclaves, et du grand préjudice que causait la nécessité d'introduire et de renouveler continuellement une population étrangère et factice dans ses domaines de l'Amérique du Sud, pour y entretenir le travail et l'industrie», et qu'il avait, pour ce motif, résolu «de coopérer avec Sa Majesté Britannique à la cause de l'humanité et de la justice, en adoptant des moyens efficaces pour arriver à la graduelle abolition du commerce des esclaves dans toute l'étendue de ses domaines».

Cet article enleva aux Portugais le droit de continuer le commerce des esclaves partout ailleurs que dans les possessions de l'Afrique portugaise.

Un traité fait à Vienne le 22 janvier 1815 et ratifié à Rio de Janeiro le 8 juin, rendant, dans son article 3, nul et non avenu le traité du 19 février 1810, renouvela dans ses articles 2 et 4 la défense du commerce des esclaves dans l'Afrique portugaise, excepté au sud de l'Équateur et uniquement pour fournir d'esclaves les possessions transatlantiques de la couronne du Portugal.

Le trafic illicite des esclaves a été mieux défini dans la convention additionnelle au traité du 22 janvier 1815, convention faite à Londres le 28 juillet 1817 et ratifiée à Rio de Janeiro le 8 novembre de la même année.

L'article 5 de cette convention porte que les navires de guerre portugais et anglais, dûment autorisés, pourraient visiter les navires marchands soupçonnés de faire la traite, et l'article 8 établit des commissions mixtes chargées de juger en unique instance les navires capturés comme suspects.

Cette convention devait être en vigueur, sauf autre accord, pendant quinze ans comptés du jour où la traite des noirs serait entièrement abolie par le gouvernement portugais (article séparé, fait à Londres le 11 septembre 1817, et ratifié à Rio de Janeiro le 9 décembre de la même année).

Pour satisfaire à l'article 3 de la convention du 28 juillet 1817, on établit, par arrêté du 26 janvier 1818, la peine à laquelle étaient sujets les propriétaires, maîtres et armateurs des navires négriers, les capitaines et les officiers de ces mêmes navires.

L'indépendance du Brésil élevé à la catégorie de royaume par loi du 16 décembre 1815, devenu empire et cédé par le roi Jean VI à son fils ainé par la loi du 15 novembre 1825, déchargea le Portugal de toute responsabilité au sujet de la traite des noirs.

Aussitôt que, après la guerre civile de 1833, le système constitutionnel commença d'être en vigueur dans la métropole, quelques mesures de caractère simplement administratif, furent prises pour le maintien exact et rigoureux du décret du 26 janvier 1818 et pour celui d'autres dispositions ayant trait à la répression et au châtiment des abus. Les arrêtés ministériels du 22 et du 26 octobre 1835 se trouvent dans ce cas.

Ces arrêtés furent adressés, les premiers aux consuls portugais dans les ports étrangers, les seconds aux chefs des différentes douanes.

Ce ne fut toutefois que l'année suivante, sous le ministère du marquis de Sá de Bandeira, que parut, le 10 décembre, le décret qui prohibait l'importation et l'exportation des esclaves, par mer ou par terre, dans tous les domaines de la couronne portugaise.

Les uniques exceptions faites à cette disposition générique concernaient tout au plus la faculté concédée par l'article 3 de ce décret, à tout colon changeant de résidence, de transporter jusqu'à dix esclaves, et à tout colon, national ou étranger, venant d'un pays non soumis à la couronne portugaise, pour s'établir dans les domaines portugais de l'Afrique et importer, par mer, un pareil nombre d'esclaves.

Le décret mentionné déclarait libres tous les esclaves trouvés à bord des navires marchands, en dehors des conditions indiquées. On régla également tout ce qui avait trait aux indices pouvant démasquer les navires voués à la traite et l'on établit les précautions et les pénalités nécessaires à l'accomplissement de la loi.

Cette mesure fut, sans aucun doute, le plus grand des premiers pas faits, pendant la période constitutionnelle, dans la voie de l'émancipation des noirs et de la répression de la traite.

Postérieurement à cet important décret, des négociations furent entamées entre le Portugal et la Grande Bretagne, négociations ayant pour but l'élaboration d'un nouveau traité de répression de la traite. Le 3 juillet 1842 ce traité fut signé à Lisbonne.

L'article 15 portait que le gouvernement considérerait la traite comme un acte de *piraterie* et frapperait de la peine la plus sévère, la mort excepté, ceux qui s'en rendraient coupables. Cette disposition fut décretée le 25 juillet, avant même la ratification du traité, qui n'eut lieu que le 29.

Le traité du 3 juillet 1842 contient des dispositions analogues à celles de la convention du 28 juillet 1817, mais plus explicites, en vue de la différence de situation du Portugal après qu'il se fût séparé du Brésil.

Les effets du traité de 1842 se firent immédiatement sentir par la prise de différents chargements d'esclaves que les Anglais transportaient sans retard dans leurs colonies.

Malgré toute la vigilance déployée par les navires anglais et les croiseurs portugais, le successif accroissement du prix de cette *denrée* sur les marchés, fit que la traite continua d'être exercée, la matière première ne faisant pas défaut et trouvant une vente avantageuse dans les centres de commerce.

Pour supprimer la raison d'être de la traite, il eût fallu supprimer l'esclave.

Le Portugal le comprenait ainsi et tous ses hommes les plus illustres s'accordaient sur la nécessité de l'émancipation des nègres; malheureusement les grandes idées ne peuvent pas toujours être immédiatement mises en pratique sans secousses et sans perturbations.

A notre avis, dès que les principes libéraux eurent été implantés en Portugal, l'esclave aurait dû disparaître de tout territoire situé à l'ombre du pavillon bicolore.

Cette révolution ne s'effectua pas, comme cela était à désirer.

Mais cependant l'idée de la modification successive de l'état des esclaves ne fut pas abandonnée.

Le 14 décembre 1854, sous l'administration de feu le vicomte d'Athouguia, alors ministre de la Marine et des Colonies, on décréta l'enregistrement, dans l'espace de trente jours à compter de la publication du décret dans chaque colonie, de tous les esclaves existant dans les domaines outremarins du Portugal, ceux qui ne seraient pas enregistrés dans cet espace de temps devant être considérés comme affranchis.

Le § unique de l'article 6 portait :

« A partir de la publication du présent décret tout esclave appartenant à l'État est libre. »

Il était permis à tout esclave de se racheter moyennant une indemnité payée à son maître. Les esclaves importés par terre étaient, *ipso facto,* affranchis mais astreints à servir leurs patrons pendant l'espace de dix ans.

On créa des juntes protectrices des esclaves et des affranchis ayant d'amples attributions pour fiscaliser l'accomplissement de la loi et donner tout appui à ceux qu'elle protégeait ainsi.

On établit le rachat des enfants puînés *(infantes)* au moment du baptême moyennant la faible somme de 5,000 réis (28 francs.).

Les enfants ainsi rachetés prenaient la qualité d'*ingénus* et restaient, jusqu'à leur majorité, sous la tutelle des juntes protectrices. Il était défendu de vendre l'esclave marié sans son épouse esclave, et la mère esclave sans ses enfants esclaves ou âgés de moins de sept ans. Enfin d'autres nombreuses dispositions humanitaires furent insérées dans le décret du 14 décembre 1854, qui attestent le progrès de l'idée de l'émancipation des noirs.

La liberté accordée par ce décret aux esclaves appartenant à l'État s'étendit, par la loi du 30 juin 1856, à ceux qui étaient la propriété des municipalités et des maisons de bienfaisance.

Entre autres mesures favorables aux nègres, la loi du 5 juillet de la même année abolit l'esclavage dans le district d'Ambriz, depuis le fleuve Lifune jusqu'au Zaïre, à Cabinda et à Molembo; une autre loi du 24 déclara libres les enfants de la femme esclave nés après la publication de cette loi; une autre mesure législative du 25 du même mois étendit aux esclaves des églises les bénéfices du décret du 14 décembre 1854; une autre loi encore, celle du 18 août, accordait la liberté à tous les esclaves nationaux ou *étrangers* qui débarqueraient sur un point quelconque de la côte du Portugal, des Açores et de Madère, de l'État de l'Inde, et de Macao et ses dépendances.

Ènfin, le 23 décembre, l'esclavage fut aboli à Macao, les possesseurs d'esclaves de cette province portugaise ayant déclaré, au mois d'octobre précédent, sur l'invitation du gouverneur le vicomte de Praia Grande, qu'ils abandonnaient tous leurs droits sur les individus dont ils étaient les maîtres.

L'année 1856 fut féconde en mesures administratives favorables aux esclaves. Le nom du marquis de Sá de Bandeira est attaché à toutes ces mesures.

En 1857, comme il n'existait plus à l'île Saint-Vincent du Cap-Vert que cinq esclaves que leurs patrons se prêtaient à affranchir, le marquis de Sá de Bandeira ordonna, par arrêté ministériel du 10 mars, que l'esclavage dans cette île fût considéré comme éteint de fait, en attendant que le pouvoir législatif l'abolît de droit.

Nonobstant ces mesures administratives et d'autres mesures de caractère réglementaire, une réforme radicale manquait qui permît à ceux qui étaient encore esclaves, d'entrevoir le terme de leur malheureuse situation. Ce fut encore au marquis de Sá de Bandeira qui revint l'honneur d'attacher son nom au décret qui vint combler cette lacune.

Le 29 avril 1858, 32e anniversaire de la concession de la charte constitutionnelle, le roi dom Pedro V signa un décret dont le 1er article portait:

«L'esclavage sera entièrement aboli dans toutes les provinces outremarines portugaises, sans aucune exception, à partir du jour qui complétera vingt années comptées de la date du présent décret.»

C'était donc le 29 avril 1878 que l'esclavage devait disparaître de tous les domaines portugais, mais ce retard qui éloignait encore de vingt années le jour où de nombreux individus pourraient prendre leur part du droit commun, pesait au cœur de la nation.

Le 25 février 1869 le marquis de Sá de Bandeira étant président du conseil des ministres, et l'illustre académicien Joseph Maria Latino Coelho, ministre de la Marine et des Colonies, on publia le décret dont le 1er article est ainsi conçu:

«L'esclavage est aboli sur tout le territoire portugais à partir de la publication du présent décret.»

Les individus qui profitaient de cette mesure étaient toutefois astreints à servir leurs patrons jusqu'au 29 avril 1878.

Déjà l'on rayait de la législation portugaise la classification d'esclave, et l'on donnait des garanties solides et positives à des milliers d'individus. Mais la révolution n'était pas encore complète.

Le 31 octobre 1874, le conseiller Jean d'Andrade Corvo, alors ministre de la Marine et des Colonies, contre-signa un décret bien simple et cependant d'une bien grande portée.

Voici le décret:

«Tous les affranchis de la province du Cap-Vert sont déclarés libres.»

Il ne restait plus que les provinces d'Angola, de Saint-Thomas et Prince, et de Mozambique où étaient encore en vigueur les dispositions du décret du 25 février 1869 qui maintenaient l'état d'*affranchis* jusqu'au 29 avril 1878.

Dans la séance de la chambre des pairs, du 13 janvier 1874, le marquis de Sá de Bandeira proposa l'abolition immédiate de l'esclavage dans tous les domaines portugais quelle que fût la dénomination sous laquelle il se cacherait.

Quoique le projet de l'illustre général fût accepté en principe tant par le gouvernement et surtout par le ministre de la Marine, M. d'Andrade Corvo, que par l'opinion publique, ce projet ne put être transformé en loi dans la session législative de 1874, mais il le fut dans la session suivante, et la loi du 29 avril ordonna que, une année après sa publication dans les provinces outremarines, tous les individus auxquels se rapportait le décret du 25 février 1869 fussent déclarés libres.

L'effet de cette loi et du règlement respectif décrété le 20 décembre 1875, fut appliqué avec anticipation à la province de Saint-Thomas et Prince, par loi du 3 février 1876.

Il n'y a donc plus, en Portugal ou dans ses possessions, ni *esclaves* ni *affranchis*. L'émancipation s'est opérée successivement, mais elle a été conduite à son terme sans ces

4

troubles et ces secousses qui, dans d'autres pays, ont accompagné cette transformation sociale. La glorieuse loi du 29 avril 1875 a été exécutée rigoureusement et à la satisfaction générale.

La série des mesures administratives dont nous venons de donner un aperçu justifie complètement le gouvernement portugais de toute accusation qui lui serait faite. Différents partis politiques ont pris leur part de cette entreprise humanitaire qui a éteint à jamais l'esclavage dans nos domaines.

Seule la malveillance peut confondre la nation portugaise ou son gouvernement avec les quelques hommes que la soif de l'or tourmente, et qui, pour acquérir quelques richesses se livrent à un infâme trafic prohibé par des lois positives et condamné par tous les principes de la morale et de la justice.

Le 29 avril 1878, 52e anniversaire de la Charte Constitutionnelle accordée aux Portugais, on a donc mis fin, sur tout le territoire de la couronne de Portugal, à la transition de l'état des anciens libérés en celui d'hommes libres dont jouissent tous les autres sujets portugais.

Cette transition s'est opérée sans secousses et sans trouble de l'ordre public. La grande majorité des anciens libérés se sont engagés chez leurs anciens patrons sous l'immédiate inspection des curateurs généraux et sous les conditions générales du réglement du 20 décembre 1875, et d'après les prescriptions des réglements spéciaux des provinces de Saint-Thomas (3 août 1876), d'Angola (15 juillet 1876) et de Mozambique (28 juin 1877), les seules provinces portugaises outremarines où l'on avait encore à s'occuper du sort des anciens esclaves, les autres colonies n'en possédant plus.

Ces réglements spéciaux ont été organisés en vue de la situation de chaque province afin de garantir quant aux salaires, à la nourriture, aux vêtements, à leur rapatriement et à leur liberté individuelle, les ouvriers engagés.

Un nouveau réglement général du travail dans les colonies portugaises sera bientôt décrété, concernant l'engagement des ouvriers portugais et étrangers. Ce réglement sera subordonné aux principes de liberté contenus dans les codes en vigueur dans tous les domaines portugais, et aura surtout pour but de protéger les colons contre l'exploitation de leurs patrons.

En vertu de la loi du 29 avril et du réglement respectif du 20 décembre 1875, les ouvriers engagés dans la province de Saint-Thomas et Prince étaient au nombre de 8,153 individus au mois de mars 1878; ce chiffre se décompose de la manière suivante :

Anciens colons de la susdite province 4,980
Item d'autres provinces portugaises 1,598
Ouvriers étrangers. 1,575

Total 8,153

Dans la province d'Angola les derniers chiffres connus font monter à plus de cinq mille le nombre des anciens colons qui s'y sont engagés pour servir dans la province même.

À Mozambique le nombre des engagés est très restreint, attendu que les patrons trouvent partout des ouvriers qui s'offrent à des conditions moins onéreuses que celles du réglement spécial de la province, et que les colons préfèrent s'engager pour les colonies anglaises de Natal et du Cap de Bonne-Espérance, d'après une autorisation accordée par le gouvernement portugais en date du 3 février 1875, autorisation sur laquelle le gouverneur général de la province de Mozambique a basé son arrêté du 2 août de la même année qui règle l'émigration dans lesdites colonies anglaises, en garantissant les droits des engagés et leur retour à Mozambique.

Le dernier budget voté pour les colonies portugaises a trait à l'année économique 1875-1876; il est toutefois encore en vigueur malgré quelques modifications qui n'altèrent pas essentiellement les évaluations respectives. Les recettes se montent à 11,500,000 francs, et les dépenses ne dépassent pas généralement le chiffre des recettes. Voici un tableau résumé des recettes et des dépenses pour chaque province :

Recettes

Provinces	Impôts		Biens propres et revenus divers	Revenu spécial	Total
	Directs	Indirects			
Cap-Vert.	55,260,000	119,000,000	8,117,000	38,000,000	220,377,000
Saint-Thomas et Prince	11,820,000	70,600,000	40,190,000	17,000,000	109,610,000
Angola.	31,190,000	419,800,000	27,984,000	87,000,000	565,974,000
Mozambique	12,700,000	200,160,000	8,853,000	26,000,000	247,713,000
État de l'Inde.	184,994,444	92,833,333	223,043.333	27,777,777	528,648,887
Macao et Timor.	293,106,333	26,991,000	34,734,000	–	354,831,333
	589,070,777	929,384,333	312,921,333	195,777,777	2,027,154,220

Dépenses

Provinces	Générale	Finances	Justice	Cultes	Guerre	Marine	Charges générales	Dépenses diverses	Total
Cap Vert	76,198,240	22,128,600	9,229,600	13,930,000	42,594,702	27,811,840	13,463,594	13,520,000	248,876,576
Saint-Thomas et Prince.	35,727,530	9,191,550	5,176,000	4,368,334	32,928,704	8,662,000	3,098,000	6,400,000	103,532,118
Angola.	137,101,530	55,253,502	19,283,600	20,304,664	205,423,638	76,153,440	20,210,156	22,380,000	536,110,530
Mozambique	68,440,210	26,008,000	7,400,000	6,444,000	93,749,594	13,432,200	15,540,800	19,269,000	249,953,804
État de l'Inde.	79,915,951	54,567,000	29,240,000	29,891,000	173,943,891	39,425,733	59,458,344	13,527,433	476,968,349
Macao et Timor .	94,941,304	8,093,140	12,454,400	9,733,200	74,136,406	32,920,790	54,511,961	35,911,280	322,702,484
	491,993,765	172,241,792	83,783,600	84,671,498	632,776,935	198,406,003	166,282,822	111,007,713	1,930,463,828

Pour ce qui concerne l'organisation des impôts, les colonies portugaises ne sont pas encore tout-à-fait assimilées à la métropole; ainsi dans l'Inde la dîme créée par la loi du 15 mars 1818 est encore en vigueur; les contributions foncières et industrielles sont perçues dans les quatre provinces africaines d'après les lois du 27 juin 1808 et du 3 juin 1809; à Macao où il y a entière liberté de commerce, les revenus les plus importants sont constitués par l'exploitation de certains monopoles, le *Fantan* (jeu chinois), les loteries, etc.; à Timor le seul revenu un peu important est celui qui provient de la douane.

Les colonies portugaises défrayent toutes leurs dépenses et contribuent proportionnellement à défrayer l'augmentation des charges du ministère de la Marine; augmentation occasionnée par les stations navales dans les ports et sur les côtes de ces mêmes colonies.

La circulation monétaire dans les colonies portugaises est celle qui a été en principe adoptée par la loi du 29 juillet 1854 pour la métropole.

Toutefois des monnaies indigènes d'argent et de cuivre, appelées *macutas*, de la valeur de 50 réis, circulent encore dans la province d'Angola. A Mozambique on trouve encore quelques monnaies indigènes d'or, appelées *barrinhas*, qui seront bientôt retirées de la circulation; à Macao et Timor la circulation monétaire est presque exclusivement composée de *patacas* d'argent (860 *réis*); dans l'État de l'Inde la monnaie officielle est le *séraphin* et ses divisions *(tangas)*, la valeur du séraphin a été fixée par le décret du 30 avril 1874 à 200 réis (1 franc à peu près).

Différents décrets (29 décembre 1852, 19 octobre 1853, 20 août 1862) ont autorisé le cours des monnaies étrangères à Mozambique et au Cap-Vert, en attribuant au *duro* espagnol la valeur de 920 réis et au franc celle de 172 réis. Dans les autres provinces on ne refuse pas, même dans les bureaux officiels, la monnaie étrangère, pourvu qu'elle soit soumise au titre adopté en Portugal.

Un Comité Central permanent de Géographie, près le ministère de la Marine et des Colonies, présidé par le ministre respectif, ayant été créé à Lisbonne par le décret du 17 février 1876, en même temps que se fondait dans cette ville une Société de Géographie indépendante du gouvernement, l'opinion publique se prononça en faveur d'une expédition scientifique dans l'intérieur de l'Afrique. Les publications parues au sujet des travaux du dr. Livingstone et des voyages de M. Stanley vinrent encore fortifier ce projet d'expédition. Le 28 février 1877 le ministre de la marine demanda au corps législatif un crédit de près de 200,000 francs pour les frais de cette entreprise. Le crédit fut promptement accordé par les cortès et la loi du 12 avril suivant autorisa le gouvernement à organiser l'expédition scientifique projetée. Des officiers de l'armée et de la marine, ainsi que bon nombre d'autres personnes s'offrirent immédiatement à faire partie du voyage. Quelques étrangers, connus dans le domaine scientifique, présentèrent également leurs offres. Enfin le décret du 11 mai nomma pour cette expédition Hermenegildo Carlos de Brito Capello, lieutenant de marine, Alexandre Alberto da Rocha Serpa Pinto, major d'infanterie, et Roberto Ivens, lieutenant de marine. Ces hommes dévoués à la science quittèrent le Tage le 9 juillet 1877, suivis des souhaits chaleureux de leurs nombreux chefs et camarades, des membres du Comité Central permanent de Géographie, des membres de la Société de Géographie de Lisbonne, etc. Ils arrivèrent à Loanda le 6 août et, étant parvenus non sans peine à réunir les hommes dont ils avaient besoin pour le transport de leurs bagages et de leurs instruments, ils partirent vers ce centre de l'Afrique qu'ils doivent parcourir d'après les instructions du gouvernement et qu'ils auront à traverser pour gagner la colonie portugaise de Mozambique située de l'autre côté du continent africain.

Un explorateur portugais, M. Joseph d'Anchietta, parcourt depuis dix ans l'intérieur de l'Afrique dans le but de réunir une collection de produits zoologiques dont plusieurs déjà sont venus enrichir le musée de l'École Polytechnique de Lisbonne.

Pendant quinze ans environ, le gouvernement a rétribué un explorateur scientifique, M. Frederik Welwitsch, qui devait étudier la flore africaine. Depuis peu de temps, l'École Polytechnique de Lisbonne est en possession de précieuses collections de produits d'histoire naturelle que le gouvernement a dû disputer, devant les tribunaux anglais, aux représentants de feu le dr. Welwitsch. La classification de ces produits de la flore d'Angola est en ce moment confiée à une réunion de naturalistes.

M. le dr. Bocage, professeur de zoologie à l'École Polytechnique de Lisbonne a déjà publié d'importants travaux au sujet de la faune d'Angola, dont l'étude lui a été confiée par le gouvernement le 15 décembre 1873.

On a récemment ordonné aux gouverneurs des provinces portugaises d'Afrique de faire procéder à des études anthropologiques dans les vastes territoires administrés par eux, et on leur a envoyé dans ce but de sérieuses instructions d'après lesquelles ils doivent choisir pour ces travaux des hommes aptes à remplir les désirs du gouvernement.

Il existe à Lisbonne, près du ministère de la Marine et des Colonies un musée fort curieux où se trouvent réunis les armes et les anciennes divinités des indigènes de l'Afrique, de nombreux produits de leur industrie, et une grande variété de spécimens naturels de toutes les colonies portugaises, spécimens qui ont été présentés dans toutes les expositions internationales où ils ont valu des médailles à leurs principaux exposants.

En résumé, les colonies portugaises sont gouvernées constitutionnellement. Les anciens privilèges ont disparu. Il n'y a plus d'esclaves. Tous les citoyens, quelles que soient leur couleur et leur origine, jouissent des mêmes droits. Personne n'est persécuté pour motif de religion, on y tolère même tous les cultes. Le droit de propriété est assuré. L'industrie et le commerce sont libres. La justice est administrée par des tribunaux régulièrement organisés. La législation libérale de la métropole est toujours appliquée aux provinces portugaises outremarines, lesquelles se rapprochent chaque jour davantage de la métropole quant à leur système de vie politique et civile.

Voici maintenant, au sujet des six provinces outremarines portugaises, quelques-uns des détails qui nous ont semblé devoir le plus intéresser le lecteur.

outremarines, lesquelles se rapprochent chaque jour davantage de la métropole quant à leur système de vie politique et civile.

PROVINCE DU CAP-VERT

La province du Cap-Vert comprend toutes les îles de l'archipel de ce nom et les possessions portugaises de la Guinée.

L'archipel du Cap-Vert compris entre 14°,25′ et 17°,13′ de lat. nord, et 13°,52′ et 16°,10′ de long. occid. de Lisbonne, représente une superficie de 2,900 kilomètres à peu près. La population s'y est développée progressivement. D'après des données statistiques, elle était à peine de 55,833 âmes, en l'année 1834, dont 3,979 esclaves. Il y avait alors seulement huit îles peuplées. Dix années après, la population s'était élevée à 67,000 âmes, dont 5,659 esclaves. En l'année 1869 cette population fut évaluée à 89,964 âmes comprenant 919 Européens. Lors du recensement de 1871, on reconnut une diminution de 13,964 âmes, diminution qui doit être attribuée à la plus grande exactitude du dénombrement respectif et de la méthode employée. Pour ce qui est de l'actualité le tableau suivant représente, sauf quelques légères inexactitudes, l'état de la population de l'archipel :

Iles	Superficie en milles carrés	Population		
		Hommes	Femmes	Total
S. Thiago	360	18,337	21,266	39,603
Fogo	144	5,423	6,365	11,788
Brava	36	2,480	4,104	6,584
Maio	50	525	740	1,265
Boa Vista	140	971	1,366	2,337
Sal	68	382	445	827
S. Nicolau	115	3,239	3,840	7,079
S. Vicente	130	1,172	1,264	2,436
Santo Antão	290	8,814	9,971	18,785

Le climat des îles du Cap-Vert, exception faite des îles Saint-Jacques, Saint-Nicolas et Mai, est assez doux et salubre, surtout à Saint-Antoine, à Brave et à Fogo. On peut presque dire que les conditions de salubrité y sont à peu près les mêmes qu'à Lisbonne. L'atmosphère est transparente pendant la saison des brises alors que soufflent avec violence les vents de l'ENE. au NNE. (octobre à mai); cependant le lever et le coucher du soleil sont presque toujours accompagnés d'une forte réfraction qui permet de fixer l'astre brillant, pendant sa course de 8 à 10 degrés sur l'horizon. La température moyenne (11 heures du matin à 4 heures de l'après-midi) est de 27° centig. aux deux passages du soleil, mai et août; de 22° centig. pendant les mois d'avril, de juin, de juillet et de septembre; de 19° centig. depuis le mois d'octobre jusqu'en mars.

Les plus grandes chaleurs font monter le thermomètre centigrade au-dessus de 35°.

Les matinées et les soirées sont ordinairement fraîches et souvent humides. Pendant la saison des pluies, de juin à septembre, l'atmosphère est assez chargée de vapeurs, surtout pendant les deux derniers mois.

Le sol et le climat des îles de l'archipel du Cap-Vert se prêtent à la culture des produits du midi de l'Europe et de ceux des tropiques, exception faite des îles du Sel, de Mai et de Saint-Vincent, dont les deux premières ne produisent que du sel, tandis que la dernière est à peu près stérile. La production la plus générale et la plus importante est celle de la canne à sucre, du café, du tabac, du pignon d'Inde, du coton, des légumes et fruits divers, de la pomme de terre, etc.

La culture de la canne à sucre s'est beaucoup développée dans les dernières années aux îles Saint-Jacques, Saint-Antoine et Saint-Nicolas, et celle du café à Saint-Jacques, à Brave et à Saint-Antoine. Le pignon d'Inde, le café, la canne à sucre, le manioc, le coton et le tabac sont les produits qui trouvent les meilleures conditions de développement dans l'archipel, et qui peuvent en augmenter la richesse commerciale. le café surtout dont la qualité est fort appréciée sur les marchés de l'Europe.

La cochenille, la vanille et d'autres produits encore ont été également, dans ces dernières années, l'objet des soins particuliers des gouverneurs généraux de l'archipel.

L'élevage du bétail dans toute la province du Cap-Vert a une certaine importance relative que l'on peut apprécier d'après le tableau suivant :

TABLEAU STATISTIQUE DU BÉTAIL EXISTANT DANS LA PROVINCE DU CAP-VERT EN JANVIER 1875.

Espèces

Localités	Chevaline		Mulassière		Asine	
	Nombre de têtes	Valeur Réis	Nombre de têtes	Valeur Réis	Nombre de têtes	Valeur Réis
Ile de Santo Antão { Ribeira Grande	238	5,930,000	92	4,600,000	728	5,824,000
{ Paul	120	2,400,000	39	1,755,000	455	2,504,500
Ile de Saint-Vincent	223	6,123,750	11	527,076	602	4,614,932
Ile de Saint-Nicolas	180	3,600,000	72	2,160,000	2,356	21,204,000
Ile du Sel	62	1,860,000	127	8,890,000	151	1,208,000
Ile de Boa Vista	391	11,730,000	13	650,000	1,210	9,920,000
Ile de S. Thiago { Ville de Praia	710	17,750,000	24	720,000	2,800	28,000,000
{ Santa Catharina	696	17,400,000	35	1,730,000	2,461	19,688,000
Ile de Mai	40	1,000,000	6	480,000	633	6,530,000
Ile du Feu	207	3,405,000	18	540,000	1,366	12,294,000
Ile Brava	36	1,080,000	(·)	—	340	5,400,000
Bolama	—	—	—	—	—	—
Total	2,893	71,998,750	437	22,072,076	13,352	117,185,432

Localités	Bovine		Caprine		Ovine		Porcine	
	Nombre de têtes	Valeur Réis	Nombre de têtes	Valeur Réis	Numéro de têtes	Valeur Réis	Nombre de têtes	Valeur Réis
Ile de Santo Antão { Ribeira Grande	1,154	23,080,000	4,200	1,440,000	554	991,800	1,478	5,890,000
{ Paul	600	9,600,000	1,638	1,638,000	638	701,800	(·)	—
Ile de Saint-Vincent	657	15,740,406	4,755	5,468,250	1,165	2,679,500	466	1,890,778
Ile de Saint-Nicolas	4,209	51,228,000	8,745	6,996,000	1,817	1,817,000	(·)	—
Ile du Sel	168	2,520,000	4,832	4,832,000	522	626,400	(·)	—
Ile de Boa Vista	973	11,595,000	15,245	10,850,500	1,371	2,467,800	11	140,000
Ile de S. Thiago { Ville de Praia	4,050	64,800,000	15,000	7,500,000	1,000	800,000	1,000	16,000,000
{ Santa Catharina	4,073	73,314,000	12,420	7,452,000	950	950,000	4,800	9,720,000
Ile de Mai	714	17,850,000	6,100	6,100,000	1,500	1,800,000	(·)	—
Ile du Feu	4,176	37,584,000	11,407	4,562,800	1,594	795,500	(·)	—
Ile Brava	580	6,960,000	800	560,000	40	60,000	(·)	—
Bolama	973	12,551,700	207	356,040	728	1,878,240	461	3,273,100
Total	22,387	329,823,106	82,319	57,555,590	11,873	15,568,040	10,679	36,613,878

N. B. L'industrie de l'élevage du bétail à Bissau et à Cacheu est exclusivement exercée par les nègres des terres avoisinantes qui empêchent, par des vols multipliés, toute tentative portugaise à cet égard. Il n'est pas possible de dresser un tableau statistique de ce bétail, on sait toutefois que les espèces bovine et porcine y dominent, tandis que les races chevaline et asine font complètement défaut.

RÉCAPITULATION

Total du nombre de têtes 443,940

Idem de leur valeur 650,816,872

(·) On n'a point d'informations exactes ni approximatives.

Le service maritime des ports dans les îles du Cap-Vert et dans les possessions de la Guinée portugaise est subordonné à une autorité supérieure résidant à l'île Saint-Jacques *(S. Thiago)* chef-lieu de la province, et aux délégués de cette autorité dans les autres îles et en Guinée. L'autorité supérieure est le capitaine de port, ses délégués sont les patrons majors *(patrão mór)*. Un réglement daté du 34 août 1872 prescrit les devoirs de ces autorités à l'égard de la navigation ; les consuls étrangers sont pourvus d'exemplaires de ce réglement afin de pouvoir en faire connaître les dispositions aux capitaines des navires de leurs nations.

La moyenne annuelle des navires qui entrent dans les ports des îles du Cap-Vert dépasse le chiffre de 4,000, non compris ceux qui touchent à Saint-Vincent pour y laisser du charbon ou pour en prendre. Les îles du Cap-Vert possèdent d'assez bons ports ; nous en donnerons l'indication précise quand nous nous occuperons de chacune des îles.

Le tarif encore en vigueur dans les douanes de l'archipel du Cap-Vert a été décrété le 25 janvier 1871. Il y a dans ce tarif 96 articles concernant l'importation et 6 l'exportation. Les produits étrangers importés sous quelque pavillon que ce soit sont sujets à la totalité des droits. Les produits nationaux ou nationalisés par le paiement des droits de consommation dans les douanes de la métropole, des Açores ou de Madère, sont seulement passibles de 20 pour cent du droit inscrit au tarif général, lorsque lesdits articles sont importés par des navires portugais ; les articles non inscrits au tarif payent 40 pour cent *ad valorem*, indépendamment de leur nationalité et de celle du navire qui fait l'importation ; l'exportation des articles non inscrits au tarif ainsi que la réexportation de tout article des dépôts de l'archipel sont passibles du droit de 1 pour cent *ad valorem*. On accorde l'exemption des droits d'entrée, entre autres, aux débris des navires naufragés, aux bagages des voyageurs, aux machines et aux instruments aratoires destinés, soit à la fabrication du sel, soit à quelque entreprise industrielle dûment autorisée. L'entrée est seulement défendue aux produits étrangers provenant de ports étrangers, et dont les marques seraient contrefaites dans le but de les faire passer pour des produits d'origine nationale.

Le transit est libre entre les douanes de l'archipel, exception faite de l'eau-de-vie qui paie 20 réis par flacon dans le port d'où on l'exporte.

Les articles importés de la Guinée dans les douanes de l'archipel sont également libres, lorsqu'ils sont des produits de la Guinée, autrement ils sont considérés, pour les droits à payer, comme étant de provenance étrangère. Les douanes de la ville de Praia, chef-lieu de l'île S. Thiago, de Mindello, chef-lieu de l'île S. Vincent, et de l'île du Sel, sont considérées comme douanes de dépôt.

Le dépôt est gratuit pendant les six premiers mois. L'emmagasinage est payé au mois, et par quinzaines lorsque le délai ne parfait pas quinze jours.

Le droit d'emmagasinage est de 50 reis pour 100 kilogrammes pour les solides, et de 100 réis pour 100 litres pour les liquides.

Le droit à payer est toujours celui qui est en vigueur lors de la sortie des articles du dépôt et non pas celui qui était en vigueur lors de leur entrée dans ledit dépôt.

Les droits *ad valorem*, quant à l'importation, sont calculés sur la valeur des articles au lieu de leur production et le montant des dépenses (fret, assurance, courtage, etc.), jusqu'au lieu de l'importation, et quant à l'exportation des produits de l'archipel, sur leur valeur au marché en gros.

La douane a le droit d'acheter les articles dont les factures accusent une valeur insuffisante en ajoutant 10 pour cent à la valeur déclarée.

L'évaluation devient obligatoire pour la douane toutes les fois que l'intéressé l'exige. Si l'évaluation ne donne pas à la marchandise une valeur supérieure à 5 pour cent sur la déclaration, les droits sont payés d'après la déclaration, mais si la dite valeur dépasse 10 pour cent, la douane peut acheter la marchandise d'après l'évaluation, ou percevoir le droit respectif surchargé de 50 pour cent comme amende.

L'évaluation est faite par arbitrage : la douane nomme l'un des arbitres, la partie intéressée l'autre, et au besoin les deux parties en nomment un troisième. Lorsque les parties ne peuvent s'accorder sur la nomination de ce dernier, cette nomination revient au juge.

Jusqu'en l'année 1877 les marchandises réexportées des douanes de la métropole ont joui d'un boni de 5 pour cent sur les droits généraux du tarif.

Le tarif de l'archipel du Cap-Vert spécifie 96 articles dont deux seulement sont prohibés, la monnaie portugaise d'argent ou de cuivre importée des pays étrangers et la monnaie étrangère de cuivre ; et 17 complétement libres de droits, à savoir : les animaux vivants de toute espèce, les barriques vides, les chars pour le transport de matériel ; le charbon végétal et tout autre combustible non mentionné dans le tarif ; la monnaie étrangère d'or ou d'argent ; la monnaie portugaise d'or de quelque provenance que ce soit ; la monnaie portugaise d'argent ou de cuivre des ports nationaux ; les bateaux à vapeur ; les instruments agricoles ou d'arts et métiers, en fer ; les livres en toutes langues, les imprimés, la musique, les cartes géographiques, etc. ; les machines et ustensiles destinés à l'industrie et à l'agriculture ; les matières premières de construction ; les plantes, les fruits verts et les graines ; les tissus grossiers de coton ; les tissus grossiers de lin ; les tissus pour voiles de navires, et la tonnellerie.

Ces principes sont à peu de chose près les mêmes que ceux des tarifs douaniers des autres provinces portugaises outremarines, exception faite du district de la Guinée et de la province de Mozambique.

Le tarif en vigueur dans les douanes du Cap-Vert est sur le point d'être remplacé par un autre tarif dont l'étude a été confiée à une commission, laquelle a déjà fourni les bases d'une réforme radicale, décrétée dernièrement pour les douanes de Mozambique.

Dans la Guinée portugaise, l'île de Bolama excepté, un tarif provisoire approuvé par le gouverneur général du Cap-Vert le 6 juin 1866, était en vigueur. La douane de Bolama continuait d'être régie par le tarif qui y était établi du temps de l'occupation anglaise.

Le décret du 24 mai 1877 a accordé une très grande liberté au commerce de la Guinée portugaise. Il n'y a que 11 articles taxés à l'importation et 7 à l'exportation. Les voici:

Numération des articles	Nomenclature	Unités	Droits — Réis
	Importation		
1	Eau de vie	Décalitre	250
2	Genièvre, cognac, liqueurs et toute boisson alcoolique.	»	400
3	Vin	»	200
4	Tabac . . { dans un état quelconque . .	Kilog.	040
	{ cigares.	Le mille	1,200
5	Sabres.	Chaque	080
6	Fusils	»	250
7	Poudre.	Kilog.	005
8	Verroterie	»	020
9	Etoffes *Dampés* et autres	»	050
10	Baguettes de cuivre ou d'étain.	»	025
11	Bertangil (toile de coton des Cafres) . .	»	020
	Exportation		
1	*Mancarra* et autres graines oléagineuses	Hectolitre	025
2	Huile de palme	Décalitre	015
3	Cire.	Kilog.	015
4	Dents d'hippopotame et défenses d'éléphant	»	020
5	Gommes	»	005
6	Cuirs préparés ou non	Chaque	040
7	Fourrures fines	»	100

On n'y défend que l'importation des canons et de produits dont les marques dénoncent la contrefaçou. Les produits portugais et les produits étrangers ayant déjà subi un droit de consommation dans quelque douane de la métropole ou des autres colonies, ne sont passibles que de 50 pour cent du droit respectif consigné au nouveau tarif.

Le mouvement commercial de toute la province du Cap-Vert, la Guinée comprise, est représenté par une moyenne annuelle de 700,000 francs, valeur de l'importation et de l'exportation.

Le tableau suivant indique les valeurs importées et exportées par les différentes douanes de l'archipel et de la Guinée dans les années économiques de 1872-1873 à 1874-1875.

	1872-1873		1873-1874		1874-1875	
	Importation	Exportation	Importation	Exportation	Importation	Exportation
S. Thiago.	165,621.000	191,269,000	174,798,000	164,749,000	204,392,951	159,352,620
Sal.	13,449.004	28,484,158	14,622,036	17,110,096	11,384,583	16,854,764
S. Vicente	52,435.743	2,454,068	73,934,118	102,803,934	195,618,162	105,513,180
Boa Vista.	4.031.620	7,373,553	8,705,147	6,394,193	7,085,657	7,030,975
Maio.	4,994.120	11.536,180	3,338.250	11,099,050	4,676,277	9,136,120
Santo Antão. . . .	36,711.520	49.260,125	33,489,635	27,380,675	17,884,425	29,243,520
S. Nicolau	21,654.192	4.172,640	11,347,222	3,105,600	7,690,625	3,380,355
Brava	6,315.356	527,380	5,800,732	2,484,500	10,231,251	859,080
Fogo.	26,806.100	19,767,120	5,398,450	28,074,650	13,446,300	9,795,640
Bissau.	81,872.610	50.943,998	64,900,013	61,272,072	48,894,938	37,318,519
Cacheu.	18,846.507	12,925,365	22,775,184	10,476,778	18,639,623	13,722,945
Bolama.	79,199.554	237,921,721	89,032,297	257,748,617	207,068,118	247,524,084
	511,967,356	616,655,308	508,141,081	692,699,162	744,009,940	639,728,802

L'enseignement est gratuit pour les étudiants pauvres. Les autres payent 200 réis (fr. 1,11) à leur entrée dans la 1ère classe, et 500 réis (fr. 2,77) dans la seconde. Ces sommes sont destinées à l'achat de livres pour les étudiants pauvres et à être distribuées comme prix à l'occasion des examens.

Les parents et les tuteurs des enfants sont tenus de leur faire fréquenter les écoles publiques sous peine d'une amende (loi du 20 septembre 1844).

Les écoles d'instruction primaire au Cap-Vert sont soumises au réglement du 30 juillet 1872, qui divise ces écoles en deux classes dont la première comprend la lecture, les quatre règles des nombres entiers et fractionnaires, le système métrique et le catéchisme pour les élèves qui suivent la religion catholique, et la deuxième la grammaire portugaise, l'histoire et la chorographie du Portugal, l'arithmétique et la géométrie avec leur application aux industries et aux principes de l'agriculture et de l'économie rurale.

Pour le sexe féminin il n'y a qu'une seule classe dont l'objet est identique à celui de la première classe citée plus haut, plus les travaux d'aiguille, etc.

Les appointements des professeurs varient de 666 à 1,666 francs. La fréquentation moyenne des écoles a été de 1,800 élèves du sexe masculin et de 200 du sexe féminin, d'après le tableau suivant :

| Iles | Nombre d'écoles | Rapport des écoles à la superficie | Nombre des élèves | | | Rapport des élèves masculins à la population masculine | Rapport des élèves féminins à la population féminine | Rapport de la totalité des élèves à la totalité de la population |
			Du sexe masculin	Du sexe féminin	Total			
S. Thiago.	16	1 : 22	553	43	596	1 : 33	1 : 494	1 : 66
Fogo.	3	1 : 48	497	7	504	1 : 10	1 : 909	1 : 23
Brava	4	1 : 9	168	21	189	1 : 14	1 : 195	1 : 34
Maio.	1	1 : 50	78	–	78	1 : 6	–	1 : 16
Boa Vista.	3	1 : 46	78	48	126	1 : 12	1 : 28	1 : 18
Sal.	2	1 : 34	68	5	73	1 : 5	1 : 89	1 : 11
S. Nicolau	–	–	–	–	–	–	–	–
S. Vicente.	2	1 : 65	103	42	145	1 : 11	1 : 30	1 : 16
Santo Antão.	7	1 : 92	275	54	329	1 : 32	1 : 184	1 : 57

Nous allons maintenant donner quelques indications sommaires sur chacune des îles de l'archipel et sur la Guinée portugaise.

S. THIAGO

L'île S. Thiago (Saint-Jacques) est la plus grande de tout l'archipel du Cap-Vert ; la ville de Praia, sa capitale, est depuis longtemps le chef-lieu de la province, et la résidence habituelle des gouverneurs généraux.

La circonférence de l'île Saint-Jacques est de 25 lieues et sa superficie est évaluée à 360 milles carrés. Son étendue du N. au S., c'est-à-dire de la Ponta do Tarrafal (Pointe de Tarrafal) jusqu'à la Ponta de Ribeira Grande (Pointe de la Grande Rivière), est de 9 à 10 lieues, et sa plus grande largeur, entre les Pontas de S. Francisco et da Ribeira do Inferno (Pointes de Saint-François et de la Rivière de l'Enfer) est de 6 lieues.

Saint-Jacques possède une chaîne de montagnes basaltiques dont la plus haute, de forme conique, s'élève, presque au centre de l'île, à 4,500 pieds. Ce pic est nommé Pico da Antonia.

Les meilleurs ports de l'île Saint-Jacques sont Porto da Villa da Praia (14° 54′ de lat. N., et 14° 25′ de long. occidentale de Lisbonne), Bahia do Tarrafal (15° 20′ de lat. N. et 14° 40′ de longitude occidentale de Lisbonne) et Ribeira Grande (14° 52′ de lat. N., et 14° 32′ de long. occidentale de Lisbonne) ; le premier est toujours préféré pour l'ancrage des navires de haut bord.

Les productions les plus importantes de l'île Saint-Jacques sont le café, la canne à sucre, l'eau-de-vie, le maïs, l'orseille et le ricin dont l'exportation s'accroît tous les jours.

Le sol qui est très fertile donne toute espèce de légumes et de fruits, même de ceux que produit l'Europe. Les volailles et le gibier ainsi que le bétail y sont fort abondants. C'est généralement dans les ports de Saint-Jacques, que les bâtiments qui traversent l'Océan vont chercher des vivres.

Les conditions de salubrité de l'île Saint-Jacques se sont

beaucoup améliorées depuis que l'on y a entrepris le boisement sur une grande échelle.

D'après les indications de l'observatoire astronomique de la ville de Praia situé par 14° 54' 25" de lat. N. et 23° 31' 12" de long. occidentale de Greenwich, la température ne s'y est point élevée au-dessus de 33° cent. à l'ombre pendant toute l'année 1877, et cela pendant quelques jours à peine du mois de septembre. Du commencement de février jusqu'à la fin d'avril la température n'a pas atteint 26°, elle est même descendue au minimum de 19°,1. Les variations entre les maxima et les minima de la température ont été pendant la susdite année, le maximum de 9°,5 et le minimum de 3°,1. La plus forte température au soleil n'a pas atteint 49° cent.

La ville de Praia possède des constructions élégantes, telles que le palais du gouvernement, l'hôpital militaire, le palais de justice, quelques églises, etc. On y voit une place très régulière où se trouve la chambre municipale et des rues assez larges. Voici un tableau du mouvement de la population de la municipalité (concelho) de Praia en 1877 :

Paroisses	Nombre des feux	Nombre d'habitants			Mouvement de la population						Mariages
		Masc.	Fém.	Total	Baptèmes			Décès			
					Masc.	Fém.	Total	Masc.	Fém.	Total	
Notre-Dame de la Grâce.	762	1,120	1,996	3,116	47	47	94	91	66	157	4
Le Très-Saint Sauveur du Monde .	820	1,969	2,064	4,030	114	97	211	48	40	88	12
Saint-Laurent dos Orgãos	1,153	2,154	2,820	4,974	52	69	121	59	61	120	6
Saint-Nicolas Tolentin.	590	1,270	1,596	2,866	60	61	121	53	42	95	3
Saint-Jacques.	930	1,761	1,364	3,125	70	70	140	62	86	148	5
Notre Dame de Luz.	294	512	641	1,153	31	27	58	26	20	46	2
Le Très-Saint Nom de Jésus . . .	175	308	306	614	17	18	35	9	10	19	3
Saint-Jean-Baptiste.	243	490	619	1,109	22	40	62	9	5	14	–
Total.	4,967	9,584	11,403	20,987	443	429	842	357	330	687	35

FOGO

L'île du Fogo (Feu) a 15 lieues de circonférence, 15 milles de l'O. à l'E., de Porto da Villa jusqu'au Monte de Losna, et 14 de Ponta dos Mosteiros à Ponta do Alcatraz. La superficie de cette île est environ de 144 milles carrés. Son meilleur port est celui de Nossa Senhora da Luz (14° 53' de lat. N., et 15° 33' de long. occidentale de Lisbonne).

L'île du Feu est relativement assez peuplée. Elle compte 11,000 habitants sur un espace de 266 kilomètres carrés. Le chiffre de la mortalité représente le quart de celui des naissances et de 0,7 à 0,8 pour cent de la population. Aussi les cas de longévité sont-ils assez fréquents dans cette île. Plusieurs médecins qui ont été à l'île du Feu prétendent que les phtysiques y trouvent des conditions de guérison ou du moins de soulagement aussi favorables qu'à Madère.

Il y a dans cette île un volcan, nommé le Pico (14° 56' de lat. N., et 15° 16' de long. occidentale de Lisbonne), qu'on croit complétement éteint depuis 1816.

Cette île est assez salubre ; le sol, admirablement fertile, s'y prête surtout à la culture du tabac, du maïs, des fruits de l'Europe (pommes, pêches, raisin, etc.) et des légumes.

On y trouve beaucoup de soufre, de la pierre ponce, de la pierre à filtres, du sulfate de soude et du sel ammoniac. Le gros bétail y abonde ainsi que d'excellent poisson, des poules, etc.

BRAVA

L'île Brava surnommée le Paradis de l'archipel, est très salubre et couverte de végétation. Sa circonférence est à peu près de 6 lieues, sa longueur du N. au S. de 7 milles et sa largeur de l'E. à l'O., du côté du N. de 6 milles, qui se réduisent à 2 milles en descendant au S. Sa superficie est évaluée à 36 milles carrés.

Son meilleur port est le Porto da Furna (14° 51' de lat. N. et 15° 35' de long. occidentale de Lisbonne).

Cette île est très fréquentée par les navires baleiniers. On
y trouve différentes mines qui sont peu exploitées, les habitants préférant s'occuper de la culture du sol qui produit du
maïs en abondance et de bonne qualité, de l'orseille, des
légumes, etc. Il y a une très grande quantité de poules et
de porcs, dont la chair est excellente.

L'île Brava jouit d'une admirable fraîcheur et d'une humidité qui lui permet de développer sa production agricole et
d'étendre ses plantations d'arbres dont elle a encore un très
grand besoin, obligée qu'elle est d'importer du bois pour
l'industrie et même pour les services domestiques.

Il n'est pas rare de trouver à l'île Brava des individus âgés
de plus de cent ans. La mortalité n'atteint pas, dans toute l'île,
à un demi pour cent du nombre des habitants. Les habitations, à Saint-Jean-Baptiste, sont toutes entourées de jardins
et de grands arbres qui rendent le site très pittoresque.

A peu de distance de Brava il y a deux petites îles qu'on
appelle les îles Sèches, à cause du manque d'eau potable:
Ilhéu Grande qui a une lieue d'étendue (entre 14° 59' et 14°
56' de lat. N., et 15° 33' et 15° 34' de long. occidentale de
Lisbonne), et Ilhéu Rombo qui n'a qu'une demi lieue (entre
14° 59' et 14° 57' de lat. N., et 15° 36' et 15° 37' de long.
occidentale de Lisbonne).

On y trouve du maïs, plusieurs espèces de cotonniers,
du sel cristallisé et de l'ambre.

MAIO

L'île de Maio (Mai) est à 5 lieues de S. Thiago. Sa circonférence dépasse à peine 12 lieues; sa longueur du N. au S.
est de 14 milles; sa largeur de 6, de l'E. à l'O., et sa sur-
perficie est évaluée à 50 milles carrés.

Son meilleur port est au SO. le Porto Inglez (Port Anglais)
par 15° 06' de lat. N. et 14° 9' de long. occidentale de Lisbonne.

Cette île produit d'excellent sel dont on exporte annuellement une quantité considérable autant à l'étranger que dans

les îles voisines, Ce commerce a distrait les capitaux et l'activité des habitants des autres industries et de la culture du sol qui pourtant est assez favorable à la plantation des cotonniers et à l'élevage du bétail.

L'île de Maio est quelque peu exposée aux fièvres intermittentes, cependant il est facile d'en améliorer les conditions de salubrité au moyen de plantations et de travaux d'irrigation.

BOA VISTA

L'île de Boa Vista a une longueur de 16 à 17 milles du N. au S., et une largeur de 19 milles de l'E. à l'O. Cette largeur diminue un peu du côté du N. et beaucoup du côté du S. Sa circonférence est de 18 lieues à peu près, et sa superficie est évaluée à 140 milles carrés. Son meilleur port est le Porto Sal-Rey (16° 10′ de lat. N. et 13° 52′ de long. occidentale de Lisbonne).

Boa Vista est traversée (du NNO. au SSE.) par une chaîne de montagnes ; le sol de cette île est susceptible d'un grand développement agricole, et on y trouve du bétail en grande abondance.

L'industrie de la pêche est très fructueuse et occupe une grande partie des habitants de l'île. A une distance de 7 lieues SSO. de la Ponta da Varandinha (laquelle est à 16° 05′ de lat. N. et 13° 56′ de long. occidentale de Lisbonne) se trouve le Baixo de João Leitão, dont le centre est à 15° 48′ de lat. N. et 14° 06′ de long. occidentale de Lisbonne.

Ce banc de sable qu'on peut reconnaître à une distance de 5 à 6 milles, est assez dangereux pour les navires de fort tonnage, mais il est très productif pour les pêcheurs qui vont y exercer leur industrie.

SAL

L'île du Sal (Sol) a 6 lieues d'étendue du N. au S. et 7 à 8 milles dans sa plus grande largeur N. qui va en diminuant vers le S. Sa circonférence est de 17 lieues, et sa superficie est évaluée à 68 milles carrés. Les meilleurs ports sont Porto de Rabo de Junco (16° 41′ de lat. N. et 13° 56′ de long. occidentale de Lisbonne), et Porto de Madama (16° 35′ de lat. N. et 13° 54′ de long. occidentale de Lisbonne).

Le poisson y abonde sur toute la côte. La grande quantité de sel naturel et artificiel que l'on y trouve a valu son nom à cette île qui est d'ailleurs assez importante par sa production et son commerce.

Presque au centre de l'île il y a un cratère d'où sort un jet d'eau salée qui se répand de tous côtés et forme naturellement de grands amas de sel. C'est à l'île du Sel que les Portugais ont employé pour la première fois le chemin de fer pour faciliter les communications: il y a longtemps que les salines de l'île sont en rapport avec le port au moyen d'un *rail road*.

Des chars munis de voiles convenablement adaptées transportent le sel par une route légèrement inclinée et arrivent jusqu'au port; de là ils reviennent vers la grande saline, traînés par des ânes.

Le climat de l'île du Sel est assez doux, et deviendrait forcément bien meilleur si l'on s'occupait sérieusement d'y planter des arbres. Le bétail y est assez abondant.

S. NICOLAU

L'île S. Nicolau (Saint-Nicolas) a une étendue EO. d'un peu plus de 8 lieues; sa largeur du N. au S. est très irrégulière: jusqu'au milieu de l'île sa largeur ne dépasse pas 4 milles, elle va ensuite jusqu'à 5 lieues pour se réduire de nouveau à 5 milles. La circonférence de cette île est de 22 lieues et sa superficie de 115 milles carrés. Son meilleur port est Porto Velho (Vieux Port), situé par 16° 33′ de lat. N. et 15° 10′ de long. occidentale de Lisbonne.

Le sol de l'île S. Nicolau est assez fertile et produit le café, la canne à sucre, le tabac, le maïs, des légumes et plusieurs fruits de l'Europe; le bétail et les poules y abondent.

Son climat est moins salubre qui celui des autres îles de l'archipel, à l'exception de l'île S. Thiago.

S. VICENTE

L'île S. Vicente (Saint-Vincent) a une étendue de 5 lieues de l'E. à O. et une largeur de 3 lieues du N. au S. Elle est bordée de hautes montagnes dont la plus élevée ne dépasse pas 3,000 pieds au-dessus du niveau de la mer. Sur la côte NO. de l'île Saint-Vincent, et ouverte au N., se trouve une baie majestueuse, le meilleur port de tout l'archipel du Cap-Vert, et peut-être de toutes les possessions portugaises. Le bassin du port a une entrée d'une lieue de largeur et une échancrure pouvant abriter 200 navires de tout tonnage. Cette grande baie est située par 16° 54' de lat. N. et 15° 56' de long. occidentale de Lisbonne.

Le sol de l'île Saint-Vincent ne se prête pas au développement de l'agriculture; aussi les matières indispensables à la vie y sont-elles importées des autres îles de l'archipel et de la métropole. Cependant on y recolte en abondance de l'orseille et du séné. Le coton et même le tabac pourraient facilement y fournir un bon revenu.

Grâce à son excellent port, cette île joue un rôle très important comme entrepôt de commerce, et comme point obligé de relâche pour tout bateau à vapeur qui a besoin de combustible. C'est pourquoi on a établi à Saint-Vincent de grands dépôts de charbon minéral qui pourvoient à la navigation à vapeur pour l'Amérique et pour l'Afrique.

Le câble transatlantique de Lisbonne à Pernambouc touche à Madère et à Saint-Vincent.

SANTO ANTÃO

L'île Santo Antão a une étendue de 8 lieues du NO. au SO., et de 4 lieues du N. au S., à son centre, car cette étendue s'amoindrit vers le NE. La superficie de l'île est évaluée à 240 milles carrés.

Le port le plus fréquenté est Ponta do Sol (Pointe du Soleil), situé par 17° 12′ de lat. N. et 16 01′ de long. occidentale de Lisbonne. Le meilleur port est peut-être le Tarrafal (16° 57′ de lat. N., et 16° 13′ de long. occidentale de Lisbonne).

L'île contient de l'eau en abondance, mais qui jusqu'ici a été peu exploitée. Le sol se prête à toute espèce de culture comme celui de Madère; on y trouve de beaux minerais et des eaux thermales; quant au climat il est assez doux et aussi salubre que celui du Portugal.

Depuis quelques années on a essayé dans cette île la plantation du quinquina, lequel y trouve des conditions climatériques assez favorables. Le développement de cette plante serait fort productif pour toute entreprise sérieuse qui exploiterait ce produit médicinal si généralement cherché en Afrique, comme partout ailleurs.

SANTA LUZIA

L'île Santa Luzia (Sainte-Lucie) a une étendue de 2 lieues de l'E. au NO., et une largeur d'une demi lieue au SE., largeur qui s'accroît proportionnellement jusqu'à une lieue au NO. Ponta da Cruz (Pointe de la Croix) est son unique port (16° 49′ de lat. N. et 15° 40′ de long. occidentale de Lisbonne).

Cette île est presque abandonnée, et pourtant son sol est assez favorable aux plantations des cotonniers; le gros bétail s'y reproduit et s'y développe très facilement. On y trouve peu de plantations quoique le climat soit assez bon.

Entre les îles Santa Luzia et S. Nicolau sont situés les deux îlots, Branco (Blanc) et Raso (Plat). L'îlot Branco se trouve par 16° 40′ de lat. N., et 15° 36′ de long. occidentale de Lisbonne.

Cette petite île a une lieue d'étendue du NO. au SE. et forme un rocher très élevé, tout couvert d'orseille, et peuplé seulement de quelques oiseaux qu'on nomme *Cagarras*. On y trouve de l'eau potable.

On débarque à l'îlot Branco sur une petite plage près

de la Ponta de Sueste (Pointe du Sud-est), située par 16° 39′ de lat. N., 15° 30′ de long. occidentale de Lisbonne.

L'îlot Raso a 2 milles de l'O. à l'E. et une demi lieue du N. au S. ; il est situé par 16° 38′ de lat. N. et 15° 30′ de long. occidentale de Lisbonne. On y peut aborder du côté du N.

L'îlot produit du coton, le pignon d'Inde et de la résine de dragonnier.

GUINÉE PORTUGAISE

Vers la fin du xvie siècle le Portugal possédait encore tout le territoire qui s'étend du Cap-Vert jusqu'à Sierra Leone, comprenant la Sénégambie et une étendue de côtes de 450 milles.

Pendant la domination espagnole le Portugal perdit tout le territoire situé au N. du cap Sainte-Marie, et au S. du cap Verga. Ce qui lui reste aujourd'hui est compris entre 13° 10′ et 10° 20′ de lat. N.

La Guinée portugaise se compose de trois municipalités *(concelhos)* :

Cacheu, 12° 7′ de lat. N. et 7° 24′ de long. occidentale de Lisbonne.

Bissau, 11° 51′ de lat. N. et 6° 28′ de long. occidentale de Lisbonne.

Bolama, 11° 29′ de lat. N. et 6° 22′ de long. occidentale de Lisbonne.

Cette municipalité comprend l'île de Gallinhas (11° 27′ de lat. N. et 6° 38′ de long. occidentale de Lisbonne).

Tout le district est assez insalubre, surtout de juin à décembre. Les pluies y commencent vers la fin de mai et durent jusqu'à la fin de septembre.

L'ardeur du soleil et l'humidité des soirées *(cacimbo)* sont fort nuisibles à la santé des individus récemment débarqués. Une maladie nommée dans le pays *carneirada* y fait de nombreux ravages ; toutefois ceux qui résistent à ses premières atteintes jouissent, à partir de ce moment, d'une excellente santé.

Les conditions climatériques de la Guinée portugaise peuvent s'améliorer considérablement au moyen de travaux qui dépendent seulement d'un certain capital et d'un nombre de bras suffisant, et qui se feront un jour grâce au développement croissant du commerce et de l'agriculture. La Guinée portugaise contient 1,386 feux et 6,154 individus, dont 3,507 du sexe masculin et 2,647 du sexe féminin :

Jusqu'à 5 ans.	517
De 5 à 15	1,039
De 15 à 25	1,825
De 25 à 35	1,722
De 35 à 50	862
De 50 à 70	152
Au-dessus de 70	37
	6,154

lesquels pour la naturalité se divisent en individus

	Masc.	Fém.
Du pays.	2,995	2,424
De la métropole	37	3
Des autres provinces outremarines.	449	217
Étrangers	56	6
	3,507	2,647
	6.154	

Les municipalités (concelhos) du district de la Guinée se placent dans l'ordre suivant, par rapport à leur population :

Bolama.	3,731
Cacheu	1,881
Bissau	542
	6,154

CACHEU

La municipalité (concelho) de Cacheu se compose de Casa Forte en y comprenant la population des environs du fleuve S. Domingos et celle des présides de Bolor, près de l'embouchure du même fleuve, de Zeguichor sur la rivière Casamansa, et de Farim dans l'intérieur, sur le territoire des Mandingas. Ces factoreries ont environ 1 mille carré d'étendue chacune.

L'agriculture s'y réduit à la production du riz, de quelques fruits et légumes et à l'élève du bétail. Ce *concelho* fournit une sorte de riz nommé *riz de Gambia*, qui est très estimé en Europe et qui peut se comparer à celui de la Caroline. Le bétail est de petite taille mais fort gras, les cuirs en sont très demandés par les commerçants de l'Europe et de l'Amérique, autant à cause de leur qualité que de leur prix. La cire, l'ivoire, l'huile de palme ou de Dendé y abondent. L'huile de Côla, excellente pour l'éclairage, possède en outre des qualités médicinales très appréciées par les indigènes, qui l'emploient à la guérison des piqûres des insectes.

On y trouve également du coton blanc en abondance et de l'encens, ainsi que du sel alcalin qui est extrait de certaines plantes aquatiques au moyen de la coction.

Les ports de Cacheu, de Bolor et de Zeguichor sont bien abrités ; cependant les deux premiers ne donnent accès qu'à des navires ne tirant pas plus de 9 à 10 pieds d'eau ; le troisième ne donne accès qu'à de petites embarcations.

BISSAU

La municipalité (concelho) de Bissau se compose du fort de S. José dans l'île de Bissau et des présides de Fa et de Geba dans l'intérieur, sur le territoire des Mandingas.

L'étendue de chacune de ces factoreries est la même à peu près que celle des factoreries de Cacheu ; quant à la production, elle est à peu près identique à celle de ce dernier *concelho*.

L'île de Bissau a une étendue de 12 milles de l'E. à l'O. sur 10 milles du N. au S. Le fort Saint-Joseph est presque entouré par six villages qui sont gouvernés par des chefs (*regulos*) indigènes, dépendants du roi de Jantim.

Le port de Bissau se trouve en face d'un îlot (ilhéu do Rei

ou dos Feiticeiros) d'un mille de longueur sur un demi mille de largeur. De même que Farim et Zeguichor sont les points qui alimentent le commerce de Cacheu, Geba fournit à Bissau les principaux articles de son commerce.

BOLAMA

La municipalité (concelho) de Bolama comprend aussi l'île das Gallinhas (des Poules) dans l'archipel des Bijagoz à l'embouchure du Rio Grande. Sa production est généralement la même que celle des autres districts de la Guinée portugaise, cependant Bolama produit en outre la *mancarra*, article de très bonne qualité et dont on fait une grande exportation. Les tortues abondent dans les eaux de ces îles, et la pêche en est fort productive.

L'île de Bolama, découverte par les Portugais en 1446, fut cédée au Portugal en 1607 par le roi de Guinala. Une tentative d'occupation de la part des Anglais, et une soi-disant cession qui leur aurait été faite en 1792, ont laissé croire que l'Angleterre avait des droits sur cette île; néanmoins la première cession faite en faveur des Portugais fut ratifiée en 1828. Les Anglais ayant insisté sur la question de leur prétendu droit, un protocole fut signé à Lisbonne le 13 janvier 1868, qui nomma le Président des États Unis (Mr. Ulyses S. Grant) arbitre entre le Portugal et l'Angleterre. Le 21 avril 1870 la question fut décidée en faveur du Portugal.

Voici le texte de la sentence de Mr. U. Grant :

Ulysses S. Grant, president of the United States to whom it shall concern, greeting.

The functions of Arbiter having been conferred upon the President of the United States, by virtue of a protocol of a conference held in Lisbon in the foreign office, on thirteenth day of January, in the year of Our Lord eighteen hundred and sixty eight, between the minister and secretary of state for foreign affairs of His Most Faithful Majesty the King of Portugal, and Her Britannic Majesty's envoy extraordinary and minister plenipotentiary, whereby it was agreed that the respective claims of His Most Faithful Majesty's Government and of the Government of Her Britannic Majesty, to the Island of Bolama on the Western coast of Africa, and to a certain portion of territory opposite to that Island on the mainland, should be submitted to the arbitration and award of the President of the United States of America, who should decide thereupon, finally and without appeal;

«And the written or printed case of the two parties, accompanied by the evidence offered in support of the same, having been laid before the Arbiter within six months from the date of the said protocol; and a copy of such case and evidence having been communicated by each party to the other, through their respective ministers at Washington; and each party, after such communication had taken place, having drawn up and laid before the Arbiter a second and definitive statement, in reply to the case of the other party so communicated, which said definitive statement were so laid before the Arbiter, and were also mutually communicated in the same manner as aforesaid by each party to the other, within six months from the date of laying the first statement before the Arbiter;

And it appearing that neither party desires to apply for any report or document in the exclusive possession of the other party, which has been specified or alluded to in any of the cases submitted to the Arbiter, and that neither party desires to be heard by counsel or agent in relation to any of the matters submitted in this arbitration;

And a person named by the Arbiter for that purpose, according to the terms of the said protocol, having carefully considered each of the said written or printed statements so laid before the Arbiter, and the evidence offered in support of each of the same, and each of the said second or definitive statements;

And it appearing that the said Island of Bolama, and the said mainland opposite thereto were discovered by a Portuguese navigator in 1446; that long before the year 1792, a Portuguese settlement was made at Bissau on the river Jeba, which said settlement has ever since been mantained under Portuguese sovereignty; that in the year 1699, or about that time, a Portuguese settlement was made at Guinala on the Rio Grande, which last named settlement in the year 1778 was a large village, inhabited only by Portuguese, who had been there from father to son for a long time; that the coast line from Bissau to Guinala, after crossing the river Jeba includes the whole coast on the mainland opposite to the Island of Bolama; that the Island of Bolama is adjacent to the mainland, and so near to it that animals cross at low water; that in 1752 formal claim was made by Portugal to the Island of Bolama, which claim has been ever since asserted; that the island was not inhabited prior to 1792, and was unoccupied, with the exception of a few acres thereof at the west end which were used by a native tribe for the purpose of raising vegetables; that the British title is derived from an alledged cession by native chiefs in 1792 at which time the sovereignty of Portugal had been established over the mainland, and over the Island of Bolama; that the Portuguese government has not relinquished its claim, and now occupies the island with a Portuguese settlement of about seven hundred persons; that attempts have been made since 1792 to fortify the British claim by further similar cessions from native chiefs; and that none of the act done in support of the British title have been acquiesced in by Portugal;

And no further elucidation or evidence with regard to any point contained in the statements so laid before the Arbiter being required:

Now, therefore, I, Ulysses S. Grant, President of the United States, do award and decide that the claims of the government of His Most Faithful Majesty the King of Portugal to the Island of Bolama on the Western Coast of Africa, and to a certain portion of territory opposite to this island on the mainland are proved and established.

In testimony whereof, I have hereunto set my hand, and have caused the seal of United States to be hereto affixed.

Done in triplicate in the city of Washington on the 21.st
day of april in the year of Our Lord one thousand eight
hundred and seventy, and of the independence of the United
States of America the ninety fourth.=(L. S.)=*U. S. Grant.*
= By the President, *Hamilton Fish,* Secretary of State.

Le gouverneur général du Cap-Vert se rendit à Bolama
le 30 septembre, et prit solennellement possession de l'île
le 1er octobre, en observant toutefois les égards dus aux oc-
cupants.

L'île de Bolama a une étendue de 8 milles de l'E. à l'O.
sur 3 à 4 milles du N. au S.; sa circonférence est de 8 à 9
lieues, et son port nommé port das Prainhas (des Petites Pla-
ges) est excellent (11° 31' de lat. N. et 6° 23' de long. occidentale de Lisbonne).

L'île est toute couverte de plantations; on y trouve d'excellents bois de construction; son climat est fort salubre.

En outre, Bolama jouit d'un grand mouvement commercial, et la fertilité de son sol lui assure un avenir des plus
prospères.

GALLINHAS

L'île des Gallinhas (Poules) donnée par Damião, roi de
Canhabaca, au colonel portugais Joaquin Antoine de Matos,
qui la céda à la couronne du Portugal en 1830 et qui fut
acceptée le 14 janvier 1831, a une étendue de 5 milles sur 2
et 5 lieues de circonférence. Elle est aussi fertile que l'île de
Bolama, située à deux milles SO. de l'autre côté du canal;
elle produit d'excellent bois, et possède de l'eau en abondance; on y pêche des tortues, et on y récolte de l'ambre.
Son meilleur port toutefois n'est accessible qu'à de petites
embarcations.

PROVINCE DE SAINT-THOMAS ET PRINCE

La province de Saint-Thomas et Prince comprend les deux îles ainsi nommées dans l'archipel des Mafras, et la factorerie de Saint-Jean-Baptiste d'Ajudá dans le royaume de Dahomey. La distance entre les deux îles portugaises est à peine de 73 milles.

La population de Saint-Thomas et Prince ne s'occupe que de l'agriculture, dont le rapport est considérable.

Le mouvement commercial de la province représente en moyenne 5,000,000 de francs par an. L'importation se compose principalement des produits du continent portugais, tissus de coton, de laine, boissons, tabac manufacturé, etc. Le café, le cacao et les cuirs sont les principaux articles d'exportation.

Le mouvement commercial des douanes des deux îles pendant l'année 1876-1877 est représenté par les chiffres suivants :

		Valeurs	Droits
Saint-Thomas	Importation	494,315,163	62,018,245
	Exportation	283,231,020	23,535,501
Prince . . .	Importation	24,446,860	4,150,246
	Exportation	23,956,287	2,981,529
	Total	825,949,330	92,685,491

Le commerce de cette province se fait presque exclusivement avec Lisbonne. Le mouvement des ports a été assez restreint pendant l'année 1877, si l'on ne compte pas le cabotage qui a lieu entre les deux îles et les ports voisins. Ainsi l'entrée et la sortie des navires dans le port de Saint-Thomas représente les chiffres suivants :

	Portugais	Étrangers
Bâtiments de guerre	4	5
Bâtiments de commerce.	36	9
	40	14
Total.		54

Le tarif en vigueur dans les douanes de Saint-Thomas et du Prince a été décrété le 16 décembre 1869. Ce tarif désigne à l'importation 66 articles dont 17 sont entièrement exempts de droits et 2 prohibés, à savoir : la monnaie portugaise d'argent ou de cuivre venant de ports étrangers et les pièces d'artillerie. Tous les articles non désignés dans le tarif sont soumis à un droit de 10 % *ad valorem*. Quant à l'exportation, il n'y a que cinq articles payant un droit assez faible ; tous les autres sont soumis à celui de 2 % *ad valorem*.

Les produits nationaux ou nationalisés par le payement des droits de consommation dans les douanes du continent ou des îles adjacentes sont soumis à peine à 20 % des droits établis dans le tarif. Il y a donc un droit différentiel assez considérable au bénéfice de la navigation et du commerce national. Le tarif est assez modéré, nous croyons néanmoins pouvoir assurer que l'on s'occupe dans les régions officielles de le simplifier encore, afin de favoriser autant que possible le commerce général.

L'instruction publique, malgré la création d'écoles défrayées par l'État, est fort peu répandue dans toute la province, les indigènes se montrant fort peu enclins à toute espèce d'enseignement. Dans les derniers temps, et depuis que l'on a accordé la liberté aux nègres et que des ouvriers étrangers se sont engagés pour les travaux agricoles à Saint-Thomas, on a remarqué chez les familles une certaine disposition à envoyer leurs enfants dans les écoles publiques.

SAINT-THOMAS

Saint-Thomas est le chef-lieu de la province. Cette île a une étendue de 9 lieues du N. au S. sur 6 lieues de l'E. à O. et une superficie de 270 milles carrés.

Le sol de Saint-Thomas est assez argileux et l'eau y est fort abondante.

Le café et le cacao sont les produits qui y rapportent le plus et rendent considérable le chiffre de l'exportation. Le café surtout est d'un goût excellent et d'une qualité qui le fait apprécier en Europe à l'égal du Moka.

L'exportation de ces deux articles durant l'année civile de 1877 a été :

	Kilogrammes	Valeur—Réis
Café	1,057,130	211,801,074
Cacao.	287,555	40,406,490

L'huile du palmier de Dendé, ainsi que le bois de construction et de teinturerie et la canelle de Ceylan que l'on y trouve en abondance, constituent une véritable richesse à l'île Saint-Thomas, richesse d'ailleurs peu exploitée.

La volaille et le poisson y sont fort abondants et l'on pêche en outre sur toute la côte d'excellentes tortues.

Le port le plus fréquenté se nomme Baie d'Anne de Chaves. Elle est située au NE. de l'île, lat. N. 0° 24′, long. E. de Lisbonne 15° 57′; c'est une baie de 1 mille d'étendue entre les pointes d'Anne de Chaves et le fort de Saint-Sébastien, et d'un demi mille de profondeur; cependant les gros bâtimens n'y trouvent pas assez d'eau pour leur mouillage et s'arrêtent en dehors de la baie. Le meilleur port de l'île se nomme Angra de San João (lat. N. 0° 05′, long. E. de Lisbonne 15° 48′) entre Ponta Agua au NE., et le Pico de Macurú au SO., lequel a une demi lieue à l'entrée et presque un mille de profondeur, et peut contenir jusqu'à 18 navires de toute grandeur à l'abri de tous les vents, celui du SE. excepté.

L'on prétend qu'il y a à Saint-Thomas un souterrain qui traverse l'île entière, et par où la mer entre, du côté S. près de la Ponta d'Ilheo Grande, pour sortir au NO. à la Ponta de Diogo Vaz. C'est une tradition que l'on pourrait aisément vérifier, mais dont personne ne s'est occupé, quelque facile qu'il fût de le faire.

Le climat de Saint-Thomas est à peu de chose près celui du Prince et d'Ajudá ainsi que de toute cette région équatoriale. On n'y voit que deux saisons bien distinctes, la saison des vents qui commence à la moitié d'avril et dure jusqu'à la moitié de septembre, pendant laquelle la température descend quelquefois à un minimum de 20° à l'ombre, et la saison des pluies entre les deux équinoxes de mars et de septembre, pendant laquelle la température s'élève parfois à un maximum de 50° centigrades. L'époque la plus favorable à l'acclimatation des Européens est la première de ces deux saisons.

Il y a des exemples d'une grande longévité à Saint-Thomas, et l'on y voit des personnes qui n'ont jamais été attaquées des maladies propres à ces contrées.

C'est surtout sur les bords de la mer que les Européens courent le risque de tomber malades. Dans l'intérieur de l'une ou de l'autre des deux îles il y a des endroits très salubres et où l'on jouit d'une fraîcheur relative fort agréable.

L'aspect extérieur de chacune de ces îles et leur vue sur l'Océan sont vraiment surprenants de beauté. Nonobstant les efforts dernièrement employés pour développer l'agriculture à Saint-Thomas, il n'y a de cultivé qu'une petite fraction du sol de l'île.

La population de Saint-Thomas est à peu près de 22,000 personnes, dont le vingt-cinquième à peine d'Européens. On peut avancer que le tiers seulement de l'île est peuplé.

Dernièrement l'on y a reconnu l'existence de mines de pétrole et de houille.

PRINCE

L'île du Principe *(Prince)* a une étendue de 8 milles de l'E. à O., sur 10 du N. au S., et une superficie de 72 milles carrés.

Son sol est plus aride que celui de Saint-Thomas, toutefois on y trouve des terrains argileux et très productifs, de même que des traces d'éruptions volcaniques surtout vers le sud de l'île. L'eau y est encore plus abondante qu'à Saint-Thomas; l'on prétend qu'il y a dans cette île plus de 300 rivières.

La production de l'île du Prince est semblable à celle de Saint-Thomas, mais elle y est moins développée.

Son port principal est *Bahia de Santo Antonio,* par 1° 38' de lat. N., et 16° 36' de long. E. de Lisbonne, entre *Ponta do Capitão et Ponta da Praia Salgada,* et à l'abri de tous les vents. A peu de distance de ce port on en trouve un autre également bon, celui de *Praia Salgada.* Il y a encore un troisième port, par 1° 36' de lat. N. et 16° 33' de long. E. de Lisbonne, qui est le plus vaste et le plus fréquenté par les navires de haut bord, on le nomme *Praia Grande.*

C'est près du premier de ces ports qu'a été fondé le chef-lieu de l'île. La population du Prince ne dépasse pas 4,000 habitants parmi lesquels se trouve un très petit nombre d'Européens.

Malgré de nombreuses conditions de prospérité, l'île du Prince est fort déchue de son ancienne importance, mais il est à espérer qu'elle reprendra un jour la place à laquelle elle a droit par sa situation, son climat et ses ressources. Le gouvernement portugais s'occupe d'ailleurs autant que possible d'arrêter le dépérissement de cette colonie.

AJUDÁ

Le fort de Saint-Jean-Baptiste d'Ajudá placé au centre de la grande population de *Gregué* est tout ce qui reste au Portugal de ses belles conquêtes entre le *Cabo das Tres Pontas* (Cap des Trois Pointes) jusqu'au *Cabo de Lopo Gonçalves* (Cap de Lopo Gonçalves). On y voit encore les forts de *S. Jorge de Mina*, de *Cabo Corso* et d'*Axem*, fondés par les Portugais et qui appartiennent maintenant à d'autres nations.

Le port d'Ardra, par 6° 19′ de lat. N. et 11° 8′ de long. E. de Lisbonne, offre quelques dangers depuis le mois d'avril jusqu'au mois de juillet à cause de la force des courants, toutefois de petites barques viennent prendre les passagers et les marchandises à 3 lieues d'un banc de sable, et les conduisent sans risques en remontant le canal formé par ce banc de sable et la côte, jusqu'à *Zambugi*, situé à une lieue environ du fort portugais.

Les Portugais sont généralement fort aimés du roi et des habitants de Dahomey qui leur accordent des franchises et des libertés dont ne jouissent pas les autres Européens.

On retrouve encore à Ajudá quelques traces du commerce important que l'on y faisait au milieu du siècle dernier. Outre le commerce des produits communs aux régions équatoriales, on y fait spécialement celui de la poudre d'or, de l'ivoire, de la cire, des cuirs, de l'huile de palmier, du bois, etc.

PROVINCE D'ANGOLA

La province d'Angola occupe sur la côte occidentale de l'Afrique toute l'étendue comprise entre 5° 12′ et 18° de latitude S., et à peu près 21 et 28° de longitude E. de Lisbonne.

Malgré ses droits sur ce vaste territoire, le Portugal n'a pas été à même d'en rendre effective l'occupation.

Cette province se divise en trois districts : Loanda, Benguella et Mossamedes. Chacun de ces districts se divise en municipalités *(concelhos),* comme il suit :

District de Loanda. — Alto-Dande, Ambaca, Ambriz, Barra de Bengo, Barra de Dande, Calumbo, Cambambe, Cazengo, Duque de Bragança, Encoge, Golungo-Alto, Icolo et Bengo, Loanda, Libongo, Malange, Massangano, Muxima, Novo-Redondo, Pungo-Andongo, Zenza de Golungo.

District de Benguella. — Benguella, Caconda, Dombe-Grande, Catumbella, Egypto, Quillengues.

District de Mossamedes. — Bumbo, Huilla, Mossamedes.

Le climat d'Angola est fort changeant ; généralement chaud et humide, surtout le long de la côte ou près des grands fleuves qui traversent la province, il devient plus frais, moins humide et même très salubre dans l'intérieur, à Pungo-an-Dongo, Ambaca, Caconda, Bihé, etc, et sur la côte même à Mossamedes.

D'après la marche du soleil, la température s'élève considérablement pendant les mois de février et d'octobre, le thermomètre marquant alors parfois de 48 à 50° centigrades. Cette chaleur tombe à 36° pendant les mois de décembre et de janvier, et à 27° pendant les mois de juin à septembre.

Les mois de mars et d'avril forment la saison des grandes pluies. C'est vers la fin de cette saison pluvieuse que les maladies endémiques deviennent à Angola plus dangereuses pour les Européens.

La saison la plus favorable à l'acclimatation des étrangers est comprise entre le mois de juin et le mois de septembre. On l'appelle la saison du *cacimbo*. C'est encore à cette époque qu'ont lieu les récoltes qui sont toujours fort abondantes lorsqu'il est tombé de la pluie en quantité suffisante.

Les étrangers qui veulent se prémunir contre l'influence délétère du climat de l'Afrique doivent surtout mener une vie sage et régulière et se garantir contre l'humidité très nuisible des nuits.

La province d'Angola produit abondamment le coton, la canne à sucre, l'indigo, le riz, le café, la noix de coco, la noix d'acajou, l'huile de palme, l'arachide, le blé, la gomme copale, le ricin, le tabac, toute espèce de légumes, l'ananas et la banane, des fruits des différentes contrées de l'Europe, et d'excellentes oranges.

On trouve partout du bois de construction et de menuiserie en grande quantité, ainsi que des matières animales d'un grand usage dans l'industrie et dans les arts.

Le gros bétail y est fort abondant; l'élevage et le développement des races chevalines y trouvent des conditions favorables.

Dans toute la province et spécialement à Benguella on voit une grande variété d'oiseaux au plumage éclatant qui sont fort estimés en Europe.

La pêche est très productive sur toute la côte ainsi que dans les nombreuses rivières qui traversent le territoire portugais en Afrique et spécialement à Mossamedes, où l'on fait un considérable commerce d'exportation de poisson salé.

L'industrie minière y est encore fort peu développée, quoique la province possède de riches et abondantes mines de charbon, de pétrole, de soufre, de sel, de salpêtre, de cuivre, de fer et même d'or.

La culture du café et du coton, et la fabrication de l'huile et de l'eau-de-vie de canne, pourraient à elles seules enrichir en peu d'années cette vaste possession portugaise.

Le chef-lieu de la province d'Angola est la ville de Saint-Paul d'Assomption de Loanda, résidence du gouverneur général, et située sur la côte par 8° 48' de latitude S., et 22° 16' de longitude orient. de Lisbonne, vis-à-vis de l'île qui a donné son nom à la ville.

On y voit de bonnes habitations, ainsi que de vastes édifices appartenant à l'État. Le principal défaut de la ville est le manque d'eau que l'on apporte dans de petits bateaux *(talaveiras)* des rivières Bengo et Dande, pour suppléer aux besoins auxquels ne peuvent suffire les citernes et les puits de la ville et des environs.

Le gouvernement portugais s'est beaucoup occupé d'y porter remède. Il a fait, le 14 novembre 1877, un contrat avec une compagnie pour l'introduction de l'eau de la rivière Bengo dans la capitale de la province. L'eau doit être prise à Tandabondo, à 60 kilomètres de l'embouchure de la rivière, et, conduite par un canal de 70 kilomètres, divisé en quatre sections: 1ère de Tandabondo à Cabiri, 22 kilomètres de longeur et 10 mètres largeur; 2ᵉ de Cabiri à Funda, 20 kilomètres et 7 mètres; 3ᵉ de Funda à Quifandongo, 18 kilomètres et 5ᵐ,40; 4ᵉ de Quifandongo à Cacuaco, 10 kilomètres et 3ᵐ,40. L'entreprise se propose aussi l'irrigation de toute la vallée du Bengo de l'un et l'autre côté du canal. La dépense de tous les travaux est estimée à 6,000,000 de francs.

Le port de Loanda est très sûr et bien abrité.

Les gros bâtiments y trouvent un excellent ancrage à un demi mille de l'île de Loanda; le port de Benguella est moins sûr à cause des vents de SO. jusqu'à ceux du N., lesquels sont toutefois assez doux; à Mossamedes il y a un excellent ancrage pour les gros navires à un quart de mille du rivage, au N. de la tour de Tombo.

La ville de Saint-Philippe de Benguella est située par 12° 34' de lat. S. et 22° 28' de long. orientale de Lisbonne.

La ville de Mossamedes est située par 15° 13′ de lat. S., et 21° 11′ de long. orientale de Lisbonne.

Le dernier recensement de la province d'Angola porte la population à 433,307 individus en y comptant les blancs pour un dixième. Elle se partage ainsi :

District de Loanda 323,064
District de Benguella 87,880
District de Mossamedes 22,363

Voici quelques-unes des municipalités les plus peuplées :

Municipalités	Hommes	Femmes
Ambaca	36,220	38,780
Malange	17,250	20,346
Cazengo	13,700	15,867
Golungo Alto	13,643	14,027
Huilla	10,500	9,000

Le mouvement commercial de cette province a doublé dans une période de sept années. De 12,600,000 frs. pour l'importation et l'exportation, par toutes les douanes de la province, en l'année 1867–1868, il a monté jusqu'à 28,200,000 francs en l'année 1873-1874. Cet accroissement s'est ralenti depuis à cause des mauvaises récoltes. Les plus sûres données que nous ayons pour les dernières années se rapportent spécialement à la douane d'Angola et indiquent le suivant mouvement total, importation et exportation :

1874–1875 2,112,750,746
1875–1876 2,260,459,441
1876–1877 . . . . 1,885,577.019

VALEURS IMPORTÉES ET EXPORTÉES PAR DES NAVIRES PORTUGAIS ET ÉTRANGERS

Importation

Années	Navires nationaux		Navires étrangers — Produits étrangers	Total
	Produits nationaux	Produits étrangers		
1874-1875	533,090,932	768,612,335	79,878,260	1,381,581,527
1875-1876	441,945,906	745,024,137	97,942,049	1,284,912,092
1876-1877	368,283,844	515,438,701	87,569,929	971,292,474

Exportation

Années	Navires		Réexportation	Total
	Nationaux	Étrangers		
1874-1875	537,608,867	99,434,202	94,126,150	731,169,219
1875-1876	785,618,447	133,403,996	56,524,906	975,547,349
1876-1877	735,220,376	137,743,659	41,320,510	914,284,545

Le franc valant 180 réis, monnaie portugaise, le mouvement commercial, dans la seule douane de Loanda, représente en moyenne 11,000,000 de francs.

Le mouvement dans la douane de Mossamedes a été de 1,100,000 francs, en 1876, et a rapporté 72,000 francs de droits :

Importation		
	Valeurs	Droits
Par des navires portugais.	90,547,774	8,724,796
Par des navires étrangers.	3,213,765	690,828
	93,761,539	9,415,624

Exportation		
	Valeurs	Droits
Par des navires portugais.	95,274,976	2,724,935
Par des navires étrangers.	6,964,200	243,962
	102,239,176	2,968,897

Le coton brut, le poisson sec, l'eau-de-vie de canne à sucre, le bétail et la cire sont les produits qui prennent la plus grande place dans l'exportation par Mossamedes.

Dans la douane d'Ambriz l'importation a représenté une valeur de 1,600,000 francs en 1876, et l'exportation a dépassé ce chiffre.

Dans la douane de Benguella le mouvement commercial moyen est représenté par le chiffre de 7,000,000 de francs. L'importation y monte à un chiffre à peu près égal à celui de l'exportation.

Les produits qui occupent la première place dans l'importation dans les douanes de toute la province sont ceux qui proviennent de l'industrie européenne, tissus de coton et de laine, vêtements, chaussure, boissons, instruments et machines pour l'industrie, poudre, tabac manufacturé, etc.

Parmi les produits d'exportation figurent l'huile de palme, le coton brut, le caoutchouc, la cire, le coco, les cuirs, le café, les gommes, l'ivoire, le tabac en feuille et l'orseille.

Le tarif en vigueur dans les douanes de Loanda, de Benguella et de Mossamedes a été décrété le 13 décembre 1867, il spécifie 96 articles à l'importation et 21 à l'exportation. Ceux qui n'y sont pas désignés payent un droit de 15% *ad valorem* à l'importation, et de 1% à l'exportation. Il y a des droits différentiels de 30 % pour les articles réexportés des douanes de la métropole, et de 80 % pour ceux de production nationale, importés les uns et les autres par des bâtiments portugais.

On réforme en ce moment le tarif car on a reconnu qu'il était nécessaire de diminuer quelques droits qui, sur certains articles, dépassent 25 % de leur valeur.

Pour la douane d'Ambriz le décret du 12 novembre 1869 a établi un droit unique de 4 % *ad valorem* à l'importation, et a rendu tout-à-fait libre l'exportation.

Le tableau suivant montre le mouvement des navires dans les différents ports de la province en l'année 1877.

TABLEAU DU MOUVEMENT MARITIME DES PORTS DE LA PROVINCE D'ANGOLA EN 1877

Navires entrés

Registre	Loanda		Benguella		Ambriz		Mossamedes		Total	
	Marchands	De guerre	Marchands	De guerre	Marchands	De guerre	Marchands	De guerre	Marchands	De guerre
Navires à voiles — Nationaux	37	—	24	—	7	—	13	—	80	—
Navires à voiles — Étrangers	6	—	3	—	6	—	10	—	23	—
Navires à vapeur — Nationaux	30	49	27	7	26	5	13	4	96	33
Navires à vapeur — Étrangers	24	13	—	3	33	4	4	3	55	20
Tonnage en mètres cubes	47,893	24,884	36,506	6,900	47,064	3,070	18,265	4,204	149,818	36,032
Force de la machine (chevaux)	7,303	4,998	4,888	1,435	8,995	635	2,472	999	23,660	8,087
Bouches à feu	75	149	44	53	90	34	26	33	232	266
Équipage	2,526	3,895	4,524	1,294	2,503	602	732	708	7,285	6,496
Malles	324	8	149	6	147	4	84	2	704	47
Passagers	4,274	565	330	265	178	3	345	462	2,124	993

Navires sortis

Registre	Loanda		Benguella		Ambriz		Mossamedes		Total	
	Marchands	De guerre	Marchands	De guerre	Marchands	De guerre	Marchands	De guerre	Marchands	De guerre
Navires à voiles — Nationaux	38	—	22	—	6	—	10	—	76	—
Navires à voiles — Étrangers	5	—	3	—	3	—	8	—	21	—
Navires à vapeur — Nationaux	32	18	27	7	26	5	13	3	98	33
Navires à vapeur — Étrangers	17	15	—	3	33	4	4	3	53	22
Tonnage en mètres cubes	47,747	20,678	35,735	6,032	48,564	3.070	17,623	3,353	149,669	33,153
Force de la machine (chevaux)	7,209	4,230	4,888	1,253	9,267	635	2,472	799	23,836	6,949
Bouches à feu	71	149	38	46	91	22	12	26	212	243
Équipage	2,499	4,313	1,306	1,190	2,536	602	689	708	7,230	6,813
Malles	312	6	89	5	117	4	72	3	49	47
Passagers	1,910	415	269	129	157	4	101	48	2,327	596

Le cabotage pour le seul port de Loanda a été en 1877 de 746 navires à l'entrée et 693 à la sortie, soit ensemble 1,439 navires jaugeant 14,694,4, et portant 8,984 marins et 1,031 passagers.

L'instruction publique est fournie dans la province d'Angola au moyen d'une école principale, d'un séminaire établi à Loanda, pour l'instruction secondaire, et d'écoles primaires distribuées dans toutes les municipalités. L'enseignement y est généralement à la charge des prêtres catholiques.

La moyenne de la fréquentation de ces écoles est extrèmement faible. Les gouverneurs généraux de la province et le gouvernement central à Lisbonne se préoccupent beaucoup de cet état de choses, et pensent à y apporter un remède sérieux.

Pour donner une légère idée du peu d'empressement que l'on apporte à s'instruire dans la province d'Angola, nous allons indiquer le rapport des élèves immatriculés en l'année 1876 dans les écoles publiques de quelques municipalités avec le nombre de ceux qui devraient les fréquenter :

Loanda	38,8
Barra do Bengo.	4,09
Novo Redondo	2,17
Mossamedes	2,04
Benguella	1,95
Alto-Dande.	0,83
Cambambe.	0,46
Ambaca	0,42
Zenza do Golungo.	0,36
Muxima	0,34
Malange	0,32
Massangano.	0,32
Pungo-Andongo.	0,26
Golungo-Alto.	0,22

PROVINCE DE MOZAMBIQUE

La province portugaise de Mozambique comprend une étendue de plus de trois cents lieues sur la côte orientale d'Afrique, entre 10° 41' et 25° 58' de latitudes australes, depuis le cap Delgado jusqu'à la baie de Lourenço Marques. Sa plus grande étendue, de l'est à l'ouest, est à peu près de deux cents lieues comprises entre les bouches du Zambeze et celles du Zumbo.

Le gouvernement général de la province est établi dans la ville de Saint-Sébastien, à l'île de Mozambique.

Il est divisé en gouvernements subalternes distribués dans les districts de Quelimane, Tete, Lourenço Marques, Cap Delgado, Sofalla, Angoche, Inhambane, le préside de Bazaruto et la capitainerie des Terres Fermes.

Dans cette vaste province le climat subit de grandes alternatives, cependant la température moyenne annuelle y est partout assez élevée.

La saison la plus fraîche commence au mois d'avril et finit au mois d'août. Pendant l'année 1877 le thermomètre a marqué une moyenne de 19°7 au mois de juillet. La saison des pluies commence entre décembre et janvier et se prolonge jusqu'en mars; la chaleur devient presque insupportable lorsque les pluies manquent, ce qui n'est pas fréquent.

La température moyenne du mois de février 1877 a été de 28° cent.

Jadis les Européens étaient, dans toute la province de Mozambique, fort maltraités par le climat dont l'influence les rendait victimes des maladies endémiques. Aujourd'hui les conditions de salubrité s'y sont beaucoup améliorées, soit naturellement, soit à l'aide de quelques mesures hygiéniques et de l'exécution de différents travaux publics.

Les districts d'Inhambane, de Sofalla, de Tete et des îles du Cap Delgado, se recommandent plus que les autres districts de la province par une atmosphère bien moins chargée d'émanations paludéennes.

Le sol de toute la province est d'une fertilité qui semble prodigieuse, eu égard au peu de soin que l'on apporte à sa culture. On y récolte des céréales et des fruits de toute espèce. Le bétail, la volaille, le gibier et le poisson y abondent. Les forêts y sont pleines d'excellents bois de construction, de menuiserie, etc. Les mines d'or, de fer et de houille quoique nombreuses n'y sont pas exploitées, faute de capitaux et de compagnies qui sachent les mettre à profit.

Les cultures que l'expérience recommande comme étant celles qui offrent les plus grands avantages au capital employé sont celles du sésame, du café, du coton, du tabac, de l'indigo et de la canne à sucre.

Le mouvement commercial de toute la province de Mozambique, d'après les chiffres officiels des douanes, est représenté par une moyenne annuelle de 13,000,000 de frs. environ. Le revenu douanier se monte également en moyenne à 1,000,000 de frs.

Pour l'année 1876–1877 ces chiffres se décomposent comme il suit:

Douanes	Importation		Exportation	
	Valeurs	Droits	Valeurs	Droits
Mozambique.	605,664,394	66,102,074	578,807,378	13,597,081
Quelimane	106,131,489	16,335,517	138,679,176	4,267,640
Inhambane	53,252,498	8,056,100	96,002,147	3,260,556
Ibo	69,383,335	10,811,256	75,726,370	2,494,435
Cap Delgado	42,327,136	7,474,848	95,269,483	3,346,558
Lourenço Marques.	294,775,729	29,614,207	141,349,717	9,870,040
Total.	1,174,534,581	138,391,002	1,125,834,271	36,836,310

Les articles que leur valeur place en tête des listes d'importation par les douanes de Mozambique sont: l'eau-de-vie, les cotonnades, les pioches, les fusils, la verroterie et les vins. Pour l'exportation ce sont la cire, l'ivoire, les graines oléagineuses, le caoutchouc, les cuirs, les gommes, le maïs, etc.

La fertilité du sol, les nécessités peu nombreuses des indigènes et la chasse à l'éléphant ayant pour but le commerce de l'ivoire, sont les causes qui contribuent le plus à l'état arriéré dans lequel se trouve l'industrie sous tous les rapports.

Le commerce doit naturellement s'en ressentir; néanmoins il se développe et prend chaque jour un certain accroissement entre Mozambique et les marchés de Bombay et de Marseille.

Le mouvement maritime de tous les ports de la province de Mozambique dépasse, en moyenne annuelle, le nombre de 400 navires, dont 200 de long cours et les autres de cabotage. Parmi les navires de long cours, ceux qui portent le pavillon anglais sont, d'après les derniers chiffres, les plus nombreux (79 navires jaugeant 30,000 tonneaux à peu près), viennent ensuite les bâtiments français (72 navires jaugeant 13,000 tonn.). Les navires portugais sont au nombre de 41, puis viennent les navires arabes (19), les navires hollandais (8), et les navires allemands (6).

Les ports les plus fréquentés par les navires de long cours et de cabotage sont Mozambique, Lourenço Marques, Ibo et Quelimane.

Pour faciliter le service officiel et le service public entre les ports de la province on a fait construire à Londres dans les ateliers «Thames Iron Works» un bateau à vapeur, le *Prince Don Carlos*, d'une force de 360 chevaux, d'une marche de 9,5 milles à l'heure et pouvant recevoir un chargement supérieur à 250 tonneaux.

Grâce à un contrat signé par le gouvernement portugais le 2 août 1875, une navigation régulière au moyen de bateaux à vapeur sur les fleuves Chire et Zambèze doit commencer très prochainement.

Le décret du 30 juillet dernier a rendu libre pour tout navire, quelle que soit sa nationalité, le commerce d'importation, d'exportation et de cabotage, entre les ports du Cap Delgado, de Mozambique, d'Angoche, de Quelimane, de Sofalla, d'Inhambane et de Lourenço Marques.

Le transit des marchandises par le territoire portugais pour les pays limitrophes de la province de Mozambique est à peine soumis à un faible droit de 3 %/o *ad valorem* sur les articles non déclarés libres dans le tarif dont nous parlerons plus loin.

Le commerce maritime, tant national qu'étranger, n'y paie aucun droit de tonnage, d'ancrage, etc., il n'est point non plus obligé de présenter aux douanes des documents consulaires pour le service spécial des mêmes douanes.

On accorde à toute marchandise passible des droits à l'importation l'emmagasinage gratuit pendant six mois, au bout desquels les liquides doivent payer 1 *real* (fr. 0,018) par litre, et les autres denrées 50 réis (fr. 0,277) par 100 kilogrammes.

L'emmagasinage est accordé gratuitement pendant huit jours seulement à tout article non taxé à l'importation.

Le service des douanes a été fort réduit; ainsi le capitaine d'un bâtiment de commerce n'a qu'à présenter à la douane son manifeste en *duplicata*, désignant le nom et le tonnage du navire, sa nationalité, le port où il a pris son chargement, le nom des expéditeurs et des consignataires, la quantité et la qualité des volumes, de même que leurs marques et numéros.

Le manifeste doit, d'après le règlement, être écrit en portugais, mais il peut l'être en toute autre langue pourvu que le capitaine en présente la traduction portugaise dans les vingt-quatre heures de son arrivée au port.

Le transport des marchandises d'un port à un autre est permis sans le payement préalable des droits respectifs, lesquels ne sont exigibles qu'à la sortie définitive des douanes.

Le dépôt des marchandises dans les douanes ne peut dépasser le délai de deux ans au bout desquels elles sont vendues aux enchères; ce qui reste du produit de cette vente, après que les droits de douane ont été perçus, est déposé dans la caisse de la junte des finances, pour être remis aux ayant-droit s'ils le réclament dans les dix ans.

Les droits sont payés à vue s'ils ne dépassent pas 100,000 réis (fr. 555); passé cette somme, leur payement jouit d'un délai de trois mois.

Les marchandises, passibles des droits à l'importation d'après le tarif respectif, sont bonifiées d'une réduction de 50 % sur les dits droits, lorsqu'elles proviennent de l'industrie portugaise ou, lorsque étant de provenance étrangère, elles auront été nationalisées dans les douanes de la métropole.

On ne défend l'importation d'aucune marchandise excepté celle des canons, des livres ou objets contraires à la morale, du billon ne provenant pas des ports portugais, et des articles de contrefaçon de l'industrie nationale.

Voici la traduction des tarifs décrétés le 30 juillet 1877 pour les douanes de la province de Mozambique:

TARIF A

Importation

Nombre des articles	Marchandises	Unités	Taxe — Réis
1	Sucre en un état quelconque.	Kilogramme	30
2	Huile d'olive	Litre	20
3	Boissons distillées, dulcifiées ou non, en un état quelconque, de toutes qualités, et dans n'importe quels récipients	»	90
4	Boissons fermentées, de toutes qualités (excepté le vin), en un état quelconque, et dans n'importe quels récipients	»	20
5	Vin en tonneaux, bouteilles ou dames-jeannes.	»	40
6	Thé	Kilogramme	150
7	Verroterie de toute espèce (perles de verre ou d'autres matières, faux corail, etc.)	»	50
8	Embarcations neuves, ou en état de naviguer, qui passeront sous le pavillon portugais.	ad valorem	5°/₀
9	Embarcations jugées incapables de naviguer et pour être démolies, qui seront vendues par lots ou séparément, excepté les vivres.	»	4°/₀
10	Embarcations jugées incapables de naviguer et pour être démolies, qui seront reconstruites et prendront le pavillon national, quels que soient les frais de reconstruction.	»	3°/₀
11	Pioches n'ayant pas d'application dans l'agriculture, appelées *cafreaes*, *landinas*, ou pioches *de Beja*.	L'une	60
12	Fusils, canons de fusils et revolwers . .	Unité	1,500

Nombre des articles	Marchandises		Unités	Taxe — Réis
13	Beurre de l'Europe ou de l'Inde		Kilogramme	80
14	Mélasse.		Litre	90
15	Métaux	A l'état brut, excepté le fer. .	Kilogramme	5
		Travaillés, y compris le plomb de munition et les tubes qui ne soient pas en fer, et excepté les marchandises mentionnées aux art. 11, 12 et 16	*ad va lorm*	6⁰/₀
16	Pistolets et canons de pistolet		Unité	500
17	Poudre.		Kilogramme	100
18	Tabac non manipulé		»	200
19	Tabac manipulé en cigares.		»	600
20	Tabac manipulé sous toute autre forme .		»	400
21	Tissus de coton, serrés, lisses, piqués ou tressés, y compris le coutil et les ouvrages des mêmes tissus . .	Écru, blanc, y compris les mouchoirs	»	90
22		Imprimé, teint, en pièce ou en fil. id.	»	160
23	Tissus de coton, à jour ou transparent, comme les mousselines, les dentelles et les tulles; poileux comme la flanelle et les couvertures; veloutés; peluches; matellassés; autres tissus non désignés dans les articles précédents et ouvrages des mêmes tissus.		*ad valorem*	10⁰/₀
24	Tissus de laine, lin, soie ou quelque autre fil ou mélangés, dans lesquels il entre du coton, quel que soit le fil qui y domine; et ouvrages des mêmes tissus. . .			10⁰/₀
25	Toutes les marchandises non mentionnées dans le présent tarif.		Libres	

TARIF B
Exportation

Marchandises	Unités	Taxe — Réis
Arachide, sésame et autres graines oléagineuses	*ad valorem*	1%
Orseille	»	»
Gommes.	»	2%
Peaux et cuirs	»	»
Gomme élastique	»	4%
Cire.	»	»
Cauris.	»	»
Ivoire.	»	6%
Toutes les autres marchandises non mention- nées dans le présent tarif	Libres	

D'après l'article 59 des préliminaires du tarif décrété le 30 juillet 1877, le gouverneur général de la province de Mozambique est autorisé, en conseil de gouvernement, à régler et à limiter l'importation des armes à feu et de la poudre en transit pour les pays voisins.

Dernièrement, et dès le commencement de la guerre dans le sud de l'Afrique, le gouvernement portugais a absolument défendu l'entrée de ces articles et a expédié des ordres pour que la surveillance la plus sévère fût exercée au sujet de la contrebande qui en pourrait être faite.

Comme nous l'avons déjà dit, la ville chef-lieu de la province de Mozambique se trouve dans l'île du même nom, par 15° 01' de latitude S., et 49° 45' de longitude orientale de Lisbonne.

Elle est assez salubre et a reçu dans les derniers temps des améliorations importantes.

Outre le palais du gouverneur général, ancien collège des jésuites, situé sur une vaste place, on y voit des édifices remarquables tels que la douane, l'hôtel de ville, l'hôpital, les églises de Notre-Dame de l'Assomption et de la Miséricorde, etc.

L'île est défendue par trois forts : celui de Saint-Sébastien, celui de Saint-Laurent et celui de Saint-Antoine. L'eau de source n'y est pas très abondante, mais de nombreuses citernes pourvoient aux besoins de la population.

En face de l'île, sur le continent, dans la presqu'île de Mossuril, on trouve quelques villages qui appartiennent au district de la capitale.

On voit près de ces villages de jolies villas dont l'une appartient au gouverneur général.

La juridiction du district de Mozambique s'arrête aux *lagunes* d'Impoensia, de Saula-Saula, d'Entemuda et de Mutnamulamba, qui séparent à l'intérieur les domaines de la couronne portugaise de ceux des rois indigènes.

L'on manque de renseignements positifs sur la population de Mozambique, laquelle toutefois est évaluée à 350,000 personnes.

L'instruction y est fort peu répandue. Dans toute la province, l'État défraye quinze écoles publiques. D'après le nombre des élèves ces écoles sont classées de la manière suivante sur une moyenne totale de 400 élèves: écoles primaires de Quelimane, 120 élèves; île de Mozambique, 90; Inhambane, 50; les autres de 20 à 30 élèves.

On voit, d'après ces chiffres, que la soif de l'instruction n'est pas ce qui tourmente le plus les indigènes de l'Afrique Orientale.

La ville chef-lieu du district de Quelimane est située par 17° 52' de latitude australe et 46° 04' de longitude orientale de Lisbonne.

Elle est assez importante, car elle est le centre de tout le commerce du Zambeze; son port est le meilleur de la province après celui de Mozambique.

Le riz abonde dans le district de Quelimane, grâce au terrain qui est fort approprié à ce genre de culture, mais cela aux dépens toutefois de la salubrité du pays fort compromise par de nombreux marais que l'on n'a pas encore trouvé le moyen de mettre à sec.

On construisait jadis des navires dans le port de Quelimane et l'on y employait de magnifiques bois de construction coupés dans les forêts du district. L'entrée du fleuve Quelimane a une largeur de trois kilomètres à peu près entre la pointe Tangalane au nord et celle du Cavallo Marinho au sud.

Depuis longtemps le besoin d'un remorqueur destiné au service maritime de l'entrée de la rivière Quelimane se faisait sentir. Le 20 janvier dernier est arrivé à Mozambique un remorqueur construit à Marseille, par contrat passé entre le gouvernement portugais et MM. Fabre & Fils, de cette ville. Ce remorqueur a reçu le nom d'*Auxiliar*. Sa force est de 160 chevaux et sa vitesse dépasse 9 nœuds. Une baleinière de 7^m,50 avec une forte ceinture de liège qui la rend insubmersible, aide le nouveau bateau à vapeur dans le service qu'il doit rendre à la province et spécialement au port de Quelimane.

Sur la même rivière est situé le village de Saint-Marçal de Sena, par 17° 30′ de latitude australe et 44° 46′ de longitude orientale de Lisbonne. Ce village est le chef-lieu d'un gouvernement militaire subalterne. Autour de ce village et sur une étendue de plus de 300 lieues on trouve des mines d'or abondantes et faciles à exploiter ; malheureusement les travailleurs et les capitaux manquent pour une exploitation sérieuse.

La ville de Saint-Thiago Maior est le chef-lieu du district de Tete. Elle est située également sur le Zambeze, à 600 kilomètres de son entrée, par 16° 05′ de latitude australe, et 42° 31′ de longitude orientale de Lisbonne,

Le district de Tete est assez salubre et non moins riche en mines d'or que celui de Sena. On y trouve aussi des mines de houille ; cependant on n'exploite régulièrement ni les unes ni les autres, faute de capitaux et de travailleurs.

Tete est située au milieu d'un vaste gisement de charbon minéral qui s'étend depuis Lupata jusqu'au Zumbo, lequel est entouré de mines de fer dont la qualité ne paraît pas inférieure à celle du fer de Suède.

Le sol du district de Tete est fort productif en blé, maïs, tabac, coton, canne à sucre, etc. Le climat de Tete est assez doux.

La juridiction portugaise s'étend aux foires de Zumbo et de Manica, où l'on fait le commerce avec les peuplades plus ou moins sauvages qui avoisinent le territoire portugais.

La foire de Zumbo située par 15° 37′ de latitude australe et 39° 35′ de longitude orientale de Lisbonne, et aujourd'hui presque abandonnée, est pourtant, par sa position, le point le mieux adapté au commerce avec l'intérieur ; de là on a des communications fluviales dans trois directions différentes ; par l'Aruangoa avec le Cazembe ; par le Zambeze avec l'Océan, et par le Xafué avec quelques tribus de l'intérieur. On trouve abondamment autour de Zumbo des produits médicinaux dont les Cafres du Zambeze font un grand usage.

La foire de Manica, à une distance de 300 kilomètres de Sena, est située à peu près sur 18° 50′ de lat. australe et

41°20' de long. orientale de Lisbonne. Près de Manica on trouve d'abondantes mines d'or et d'autres métaux.

Le sol de Manica produit beaucoup de bétail et possède une végétation magnifique. On peut encore y exploiter le cristal, les émeraudes, les saphirs, etc.

La ville de Lourenço Marques, chef-lieu du district du même nom, est située par 25° 58' de lat. australe et 41° 35' de long. orientale de Lisbonne. Le sol de Lourenço Marques est propre à toute espèce de culture, même à celle des produits de l'Europe. Entre autres espèces végétales on y trouve l'*incachule*, plante fibreuse dont on tire des fils assez résistants pour le tissage et pour les appareils de pêche. La baie a une grande étendue et est généralement fort abritée des vents.

Les Anglais ont disputé au Portugal leur droit à la possession de la baie de Lourenço Marques.

Le différend a été soumis à l'appréciation de M. le Président de la République Française, qui a prononcé l'arrêt suivant :

Nous, Marie-Edme Patrice Maurice de Mac-Mahon, duc de Magenta, maréchal de France, Président de la République Française.

Statuant, en vertu des pouvoirs qui ont été conférés au Président de la République Française aux termes du protocole signé à Lisbonne le 15 septembre 1872, par lequel le gouvernement de Sa Majesté la Reine de la Grande-Bretagne et d'Irlande et celui de Sa Majesté le Roi de Portugal sont convenus de déférer au Président de la République Française, pour être réglé par lui définitivement et sans appel, le litige qui est pendant entre eux depuis l'année 1823 au sujet de la possession des territoires de Tembe et de Maputo et des îles d'Inyack et des Eléphants, situés sur la baie de Delagoa ou Lourenzo Marques à la côte orientale d'Afrique ;

Vu les mémoires remis à l'arbitre par les représentants des deux parties, le 15 septembre 1873 et les contre-mémoires également remis par eux les 14 et 15 septembre 1874 ;

Vu les lettres de s. exc. M. l'Ambassadeur d'Angleterre et de M. le Ministre de Portugal à Paris, en date du 8 février 1875;

La commission instituée le 10 mars 1873 à l'effet d'étudier les pièces et documents respectivement produits, nous ayant fait part du résultat de son examen;

Attendu que le litige, tel que l'objet en a été déterminé par les mémoires présentés à l'arbitre et, en dernier lieu, par les lettres ci-dessus citées des représentants à Paris des deux parties, porte sur le droit aux territoires suivants, savoir:

1er Le territoire de Tembe, borné au nord par le fleuve Espirito Santo ou English River et par la Rivière Lourenzo Marques ou Dundas, à l'ouest par les monts Lebombo, au sud et à l'est par le fleuve Maputo, et de l'embouchure de ce fleuve jusqu'à celle de l'Espirito Santo par le rivage de la baie de Delagoa ou Lourenzo Marques;

2 Le territoire de Maputo, dans lequel sont comprises la presqu'île et l'île d'Inyack, ainsi que l'île des Eléphants, et qui est borné au nord par le rivage de la baie, à l'ouest par le fleuve Maputo, de son embouchure jusqu'au parallèle de 26 degrés 30 minutes de latitude australe, au sud par ce même parallèle et à l'est par la mer;

Attendu que la baie de Delagoa ou Lourenzo Marques a été découverte au xvie siècle par les navigateurs portugais et qu'aux xviie et xviiie le Portugal a occupé divers points sur la côte nord de cette baie et à l'île d'Inyack dont l'îlot des Éléphants est une dépendance;

Attendu que, depuis la découverte, le Portugal a, en tout temps, revendiqué des droits de souveraineté sur la totalité de la baie et des territoires riverains, ainsi que le droit exclusif d'y faire le commerce; que, de plus, il a appuyé à main armée cette revendication contre les Hollandais, vers 1732, et contre les Autrichiens, en 1781;

Attendu que les actes, par lesquels le Portugal a appuyé ses prétentions, n'ont soulevé aucune réclamation de la part du Gouvernement des Provinces-Unies, qu'en 1782 ces prétentions ont été tacitement acceptées par l'Autriche, à la suite d'explications diplomatiques échangées entre cette Puissance et le Portugal;

Attendu qu'en 1817, l'Angleterre elle-même n'a pas contesté le droit du Portugal, lorsqu'elle a conclu avec le Gouvernement de Sa Majesté Très-Fidèle la convention du 28 juillet pour la répression de la traite; qu'en effet, l'article 12 de cette convention doit être interprété en ce sens qu'il désigne comme faisant partie des possessions de la couronne de Portugal la totalité de la baie, à laquelle s'applique indifféremment l'une ou l'autre des dénominations de Delagoa ou de Lourenzo Marques;

Attendu qu'en 1822, le Gouvernement de Sa Majesté Britannique lorsqu'il chargea le capitaine Owen de la reconnaissance hydrographique de la baie de Delagoa et des rivières qui y ont leur embouchure, l'avait recommandé aux bons offices du Gouvernement Portugais;

Attendu que, si l'affaiblissement accidentel de l'autorité portugaise dans ces parages a pu, en 1823, induire en erreur le capitaine Owen et lui faire considérer de bonne foi comme réellement indépendants de la couronne de Portugal les chefs indigènes des territoires aujourd'hui contestés, les actes par lui conclus avec ces chefs n'en étaient pas moins contraires aux droits du Portugal;

Attendu que, presque aussitôt après le départ des bâtiments anglais, les chefs indigènes de Tembe et de Maputo ont de nouveau reconnu leur dépendance vis-à-vis des autorités portugaises, attestant ainsi eux-mêmes qu'ils n'avaient pas eu la capacité de contracter;

Attendu que les conventions signées par le capitaine Owen et les chefs indigènes du Tembe et du Maputo, alors même qu'elles auraient été passées entre parties aptes à contracter, seraient aujourd'hui sans effet: l'acte relatif au Tembe stipulant des conditions essentielles qui n'ont pas reçu d'exécution, et les actes concernant le Maputo conclus pour des périodes de temps déterminées, n'ayant point été renouvelée l'expiration de ces délais;

Par ces motifs,

Nous avons jugé et décidé que les prétentions du Gouvernement de Sa Majesté Très-Fidèle sur les territoires de Tembe et de Maputo, sur la presqu'île d'Inyack, sur les îles d'Inyack et des Éléphants sont dûment prouvées et établies.

Versailles, le 24 juillet 1875. = (Signé) *Maréchal de Mac-Mahon, Duc de Magenta.*

La ville d'Ibo située dans l'île du même nom par 12° 20' de latitude australeet 49° 36' de longitude orientale de Lisbonne, est le chef-lieu du district des îles du Cap Delgado.

L'archipel se compose de vingt-huit îles fort rapprochées les unes des autres. Quelques-unes de ces îles autrefois habitées sont aujourd'hui presque désertes, et pourtant leur climat ainsi que celui du continent voisin est assez bon.

Ces vingt-huit îles se nomment: Ibo, Querimba, Fumbo, Matemo, Amiza (qui est la plus grande), Macalué ou Mahâto, Quiriba, Namego, Quipaco, Calaluhia, Samucar, Rolas ou Crianvé, Molandulo, Inhate, Mastros, Xanga, Zanga, Minhuge, Timbuza, Zuna, Luamba, Mistunso, Numba, Quia, Conga, Caiamimo, Cungo, Ticoma.

La production principale du district consiste dans la pêche de la tortue et la récolte du sésame, de la manne et de l'orseille.

L'agriculture y est encore, comme partout ailleurs dans la province africaine, fort arriérée et cependant le sol des îles et du continent se prête à plusieurs cultures d'un produit assez considérable.

L'autorité d'Ibo a sous sa juridiction sur le continent les établissements de Mucimba, de Pangane, de Lumbo, de Quissanga, de Montepes et d'Arimba, outre la colonie d'Européens fondée en l'année 1857 sur la baie de Pemba.

Cette baie est située par 12° 56' de latitude australe, et 49° 36' de longitude orientale de Lisbonne. Elle a une étendue de 9 milles marins du nord au sud et de 6 milles de l'est à l'ouest; on y peut entrer à toute heure, et c'est le meilleur abri qu'il y ait sur toute la côte orientale. Le sol de Pemba est très fertile et produit toute espèce de fruits et de végétaux, grâce à la douceur de son climat.

Fumbo, Pangane et Mucimba sont situés sur la rivière Caramacoma en face d'Ibo, Arimba, Montepes et Quissanga. Arimba est située par 12° 38' de latitude australe et 49° 42' de longitude orientale de Lisbonne; son port est abrité. Les cocotiers y prennent un prodigieux développement. On y récolte d'excellentes céréales, des légumes, des fruits, etc.

Montepes est situé sur la rivière du même nom par 12° 42' de latitude australe, et 49° 42' de longitude orientale de Lisbonne. Son port abrite convenablement les petits navires.

Enfin Quissanga, vis-à-vis l'île d'Ibo, par 12° 24' de latitude australe, et 49° 34' de longitude orientale de Lisbonne, est remarquable par sa production et par le développement qu'y prend l'agriculture et le commerce.

La ville de Sofalla, premier établissement des Portugais sur la côte orientale de l'Afrique et qui a été longtemps la capitale de la colonie portugaise, est le chef-lieu du district du même nom et se trouve par 20° 11' de latitude australe et 43° 48' de longitude orientale de Lisbonne.

Le district de Sofalla est borné au nord par le district de Quélimane, au sud par celui d'Inhambane, à l'est par des terres appartenant aux Cafres et à l'ouest par la mer.

Sofalla est entourée de deux rivières, Cavone et Inharucuary, qui se croisent à Quissanga et forment le port de la ville qui est inégalement divisée en deux parties par un bras du Cavone.

Le port n'est pas toujours très accessible et exige de bons pilotes. Le district de Sofalla abonde en mines d'or et autres, et produit aussi d'excellent blé, des fruits, du bétail, de la volaille, etc. Il est assez riche en bois de qualités supérieures et fort estimées (ébène, bois de fer, cèdre, santal). On y récolte abondamment l'orseille et l'ivoire.

Le chef-lieu du district de Sofalla est maintenant dans l'île Chiloane, que les indigènes nomment *Shibute*. Cette île est occupée à son centre par une grande lagune, et séparée du continent par un étroit bras de mer.

Le district d'Angoche a pour chef-lieu une des îles du

même nom, autrefois nommée Caldeira. La ville est située sur la Pointe de Parapato, au nord de la rivière d'Angoche, par 16° 15' de latitude S. et 48° 48' E. de Lisbonne. Quelques-unes des îles d'Angoche sont inhabitées, cependant, comme dans toute l'Afrique portugaise, les conditions de développement de l'agriculture et du commerce n'y font pas défaut.

La ville d'Inhambane est située sur la rivière du même nom par 23° 50' de latitude australe; et 44° 30' de longitude orientale de Lisbonne.

Malgré les quelques marais que l'on y rencontre encore, le climat d'Inhambane est favorable aux Européens. Les naturels y sont doués d'une plus grande activité que sur les autres parties de la côte.

Le port d'Inhambane est assez abrité, mais pour y pénétrer il faut avoir recours à de bons pilotes.

La production du sol du district d'Inhambane est la même que celle de la grande vallée du Zambeze, en outre on y trouve des fruits des zônes tempérées et, entre autres, le raisin.

Inhambane fournit en abondance une espèce de suif végétal ayant plusieurs applications industrielles et que les naturels nomment *Mafurra*. L'ambre y est fort abondant. On y récolte aussi la salse pareille en très grande quantité.

Le poisson y est excellent et on y pêche aussi des perles.

Les terres d'Uhoca s'étendent depuis la rivière Gavuro qui entre dans la mer par 21° 10' de latitude australe, jusqu'au cap San Sebastião par 22° 6' de latitude australe.

L'archipel de Bazaruto près de la côte se compose des îles Bazaruto, Benguerua, Xegine, Bango et Santa Carolina. Les quatre premières îles forment avec le continent la baie de Bazaruto ou Punga; la dernière occupe le centre de la baie.

Le climat du continent ainsi que celui des îles est très salubre, leur sol est susceptible de toute production agricole. On n'y a pas encore découvert de mines. Le poisson y est très abondant et la pêche est l'industrie dont s'occupent la plupart des habitants.

On a choisi l'île Santa Carolina pour chef-lieu de l'établissement portugais; cette île est située par **21° 37'** de latitude australe, et **44° 10'** de longitude orientale de **Lisbonne**.

Excepté quand le vent souffle avec violence du SO., les navires trouvent un bon abri entre Santa Carolina et la terre ferme.

Bazaruto, la plus grande de toutes ces îles, est assez riche à cause de la pêche facile des perles.

Benguerua est remarquable par la fertilité de son sol.

Les autres îles sont peu importantes; toutefois elles possèdent quelques conditions de développement agricole.

ÉTAT DE L'INDE

Les possessions portugaises dans l'Inde sont comprises entre les lat. N. 8° 05′ et 20° 42′, et les long. E. de Lisbonne 86° 44′ et 80° 05′, c'est-à-dire entre le cap Comorim et le golfe de Guzerate. De tous les immenses domaines du Portugal dans l'Inde il ne nous reste que les établissements de Goa, de Damão et de Diu.

Le gouvernement général de l'État de l'Inde portugaise est établi à Nova Goa sur la rivière Mandovi, par 15° 29′ de lat. N. et 83° 02′ de long. E. de Lisbonne. Les îles de Goa et les presqu'îles de Salsete et Bardez constituent ce que l'on désigne sous le nom d'*Anciennes Conquêtes*, lesquelles sont entourées par les *Nouvelles Conquêtes* qui s'étendent du Cap Rama jusqu'à la forteresse de Tiracol. Les Gates séparent à l'E. les possessions portugaises de celles de la Grande-Bretagne, lesquelles touchent aussi au territoire portugais au nord et au sud, leur partie occidentale se trouvant baignée par la mer.

La population de l'État de l'Inde Portugaise est évaluée à 444,617 âmes, ainsi qu'il suit:

Désignation	Hommes					Femmes					Total général
	Jusqu'à 14 ans	Célibataires de plus de 14 ans	Mariés	Veufs	Total	Jusqu'à 14 ans	Filles de plus de 14 ans	Mariées	Veuves	Total	
Iles	5,811	4,511	11,040	949	22,311	5,390	3,696	11,059	3,651	23,796	46,107
Bardez.	14,165	9,086	23,242	3,068	49,561	12,849	4,978	23,541	10,898	52,266	101,827
Salsete.	15,688	15,251	22,212	3,332	56,483	15,944	11,959	22,347	10,073	60,323	116,806
1ᵈʳᵉ division.	4,504	1,360	6,505	409	12,778	3,639	306	6,402	2,038	12,385	25,163
2ᵉ division	4,428	3,228	7,626	1,026	16,308	3,294	1,774	7,923	2,279	15,270	31,578
3ᵉ division	4,229	3,197	9,974	1,093	18,493	2,856	1,068	9,535	2,435	15,894	34,387
4ᵉ division	4,730	3,169	9,279	1,478	18,656	4,129	1,304	9,286	2,991	17,710	36,366
District de Damão . .	4,691	3,421	9,968	1,272	19,352	3,900	2,684	10,239	2,310	19,133	38,485
Place de Diu	3,311	615	2,724	318	6,968	2,683	282	2,746	1,219	6,930	13,898
Somme	61,557	43,838	102,570	12,945	220,910	54,684	28,051	103,078	37,894	223,707	444,617

Comme dans tout l'Indoustan, la population portugaise de l'État de l'Inde se compose d'une grande variété de races et de castes. La population indigène se divise en trois castes principales : les *brahmanes*, les *charadós* et les *sudras*, toutes rivales entre elles, et dont les deux premières se disputent incessamment la suprématie. A la caste des *sudras* appartiennent les individus qui exercent les plus infimes métiers et que l'on désigne sous les noms de *boiazes*, *ferazes*, *bailadeiras* et *mordangueiros*. Le pays est encore habité par des *parses*, des *gugires*, des *baneanes*, et d'autres individus, de races et de religions différentes.

Le climat de l'Inde portugaise est très chaud pendant les mois d'avril, de mai, d'octobre et de novembre ; cependant la brise du N. E. rafraîchit l'air et rend la chaleur assez supportable même au soleil. L'hiver commence vers la fin de mai et dure jusqu'au mois de septembre qui y est le mois le plus agréable de l'année. Pendant les mois de décembre et de janvier on y jouit d'une fraîcheur relative.

A vrai dire il n'y a dans l'Inde portugaise que deux saisons bien caractérisées, l'été, saison pendant laquelle il ne pleut jamais, et l'hiver pendant lequel, au contraire, il pleut très fréquemment.

C'est à l'époque des changements de saison, et surtout au début de l'hiver, que les fièvres intermittentes attaquent les Européens. Pendant les plus fortes pluies (juin à septembre) le thermomètre ne monte pas au-dessus de 31° et descend quelquefois au-dessous de 20° centig. Pendant les autres mois (octobre à mai) la température ordinaire se maintient entre un max. de 34° et un min. de 22° centig. D'après les observations faites à Goa, du 1er juin au 10 novembre 1877, la pluie tombée dans la capitale de l'État de l'Inde Portugaise a marqué mill. 1,755,875, quantité assez inférieure à celle qui y était tombée pendant les années précédentes :

```
1872 . . . . . . . . . . . . . . . . . . . . . . . . . . . . 3,188,350
1873 . . . . . . . . . . . . . . . . . . . . . . . . . . . . 2,198,900
1874 . . . . . . . . . . . . . . . . . . . . . . . . . . . . 3,260,950
1875 . . . . . . . . . . . . . . . . . . . . . . . . . . . . 2,808,300
```

La moyenne annuelle est représentée par mill. 2.864,400.

Le sol de l'Inde qui est très fertile fournit abondamment des produits de toute espèce, tant des tropiques que des pays de l'Europe et donne d'excellents bois de construction et de menuiserie.

Le sel est l'un des articles les plus importants du commerce de tout l'État. Il y a 383 salines en exploitation où sont employées près de 2,000 personnes. La production ordinaire de ces salines atteint chaque année environ 300,000 *candis*, le *candi* correspondant à 266 livres anglaises. Le prix du sel varie depuis un minimum de 8 *séraphins* (8 francs) par *cumbo* jusqu'à 180 séraphins, prix exceptionnel, déterminé par l'irrégularité de la pluie. Le prix moyen a été de 20 séraphins, 62 et 33 respectivement aux îles de Goa, à Salsete et à Bardez, 1872–1876.

Le sel *lourd* que l'on consomme dans le pays est toujours à bon marché, mais le *boiada*, que l'on exporte à l'étranger représente une valeur plus considérable.

L'exportation du sel par les douanes de Goa est représentée par les chiffres suivants:

Années	Quantité par mer		Quantité par terre	
	Candis	Curos	Candis	Curos
De 1871–72.	33,121	2	24,108	15
De 1872–73.	32,059	15	33,156	18
De 1873–74.	40,715	–	31,475	10½
De 1874–75.	41,924	10½	43,299	14
De 1875–76.	39,913	–	55,516	9

Des mines fort abondantes quoique irrégulièrement exploitées fournissent à l'industrie le fer dont elle a besoin. Ces mines occupent plusieurs centaines d'ouvriers.

On pêche facilement des perles dans les eaux de la barre de Mormugão. Une exploitation entreprise dans de bonnes conditions donnerait, sans aucun doute, les meilleurs résultats.

A Goa on voit de beaux jardins pleins de fleurs indigènes et exotiques où de nombreux oiseaux aux vives couleurs font entendre leur ramage.

Le bétail est généralement petit et faible. Le buffle y est employé aux travaux de l'agriculture et aux transports. La volaille y est vendue à fort bon marché.

Le port de Goa, ou plutôt celui d'Aguada, est le seul qui puisse recevoir de grands navires. Il possède un phare du système Argand, à lumière catoptrique, faisant 30 tours par heure, et visible de 26 milles géographiques. Ce phare est situé par 15° 29′ 17″ de lat. N. et 73° 45′ 46″ de long E. de Green. Le foyer est à 85,65 mètres au-dessus de la plus haute marée.

D'autres ports donnent accès à de petits bâtiments comme les *patamarins*.

La navigation facile des rivières et des affluents sans nombre qui coupent le sol de l'État de l'Inde se fait au moyen de petits bateaux nommés *tónas* qui rendent fréquentes les communications entre les différents points de l'Inde portugaise.

Les vastes forêts qui appartiennent au gouvernement, et qui jadis fournissaient du bois pour la construction des navires de guerre sont l'une des principales richesses de l'Inde portugaise.

L'instruction est assez développée à Goa, relativement à d'autres colonies portugaises. Outre les écoles primaires dont le mouvement est assez considérable, il y a un lycée où l'on apprend le latin, les langues française, anglaise et marathe, la géographie, la rhétorique et l'histoire ; un institut professionnel et une école de médecine.

La moyenne des élèves dans les écoles d'instruction primaire de l'État de l'Inde est de 2,000 environ ; de 500 au lycée national, et de plus de 200 à l'institut professionnel, où l'on apprend les mathématiques élémentaires, la mécanique, la physique, la chimie, l'économie politique, la construction, l'agriculture, le dessin, le commerce et le pilotage.

Plusieurs médecins d'une certaine réputation sont sortis de l'école de médecine de Goa, dont les élèves pour la plupart entrent au service officiel de santé dans l'État de l'Inde et dans les autres colonies portugaises.

Malgré sa décadence actuelle, l'État de l'Inde portugaise témoigne encore de la grandeur du Portugal d'autrefois. On y remarque partout des traces de l'étendue de la domination portugaise en Orient. La ville chef-lieu de l'État contient encore quelques palais, de bonnes constructions tant publiques que particulières, et l'on y trouve presque toutes les conditions de la vie et de la sociabilité européenne.

Le tarif douanier en vigueur dans l'État de l'Inde a été décrété le 12 novembre 1869. On y spécifie 129 articles à l'importation, dont 74 seulement sont passibles de différents droits, et 11 à peine à l'exportation. Tout article non spécifié au tarif de l'exportation est tout-à-fait libre; pour l'importation on taxe à 6°/o *ad valorem* tout article non indiqué dans le tarif.

Les articles de production nationale ou les articles nationalisés par le paiement des droits de consommation dans les douanes de la métropole sont passibles de 50°/o à peine des droits payés pour l'importation.

Quoique le tarif en question représente un grand pas dans la voie du progrès économique, il y a cependant lieu d'espérer une réforme plus radicale sous un certain aspect, en même temps qu'un arrangement avec les colonies anglaises voisines au sujet du commerce du sel et touchant les privilèges dont les Portugais jouissent depuis 200 ans d'importer par Surrate des produits du Portugal soumis à un tarif différentiel fort réduit.

Le revenu total des douanes de tout l'État de l'Inde a été de 222,277,435 réis (1,250,000 francs) pendant l'année économique de 1876-1877, dont 650,000 francs pour les droits d'importation, et le reste pour ceux de l'exportation.

Comme on le voit dans le tableau suivant, une diminution d'environ 100,000 francs s'est produite sur le revenu respectif à l'année 1875-1876:

Douanes	Revenu — réis	
	1876 à 1877	1875 à 1876
Nova Goa	96,147,537	95,611,440
Betul	11,284,136	13,448,428
Chaporá	13,094,870	17,086,076
Doromarogo	25,285,822	34,918,415
Sanquelim	19,198,363	19,902,299
Sanguem	14,608,945	15,876,480
Tinem	14,697,546	18,682,483
Talpona	4,929,414	3,783,279
Damão	10,525,580	9,386,942
Diu	12,475,222	10,996,578
Total	222,247,435	239,692,420
Décroissement en 1876-1877	17,444,985	

Les tissus de coton, le tabac, les boissons, etc. figurent
en premier lieu au tableau de l'importation. Pour l'exportation le sel, le riz, l'*arec*, le bois, etc. tiennent la première
place.

Le mouvement des ports de l'État de l'Inde Portugaise,
en 1876, est indiqué dans le tableau suivant:

Navires		Entrées	Sorties
Bateaux à voiles.	à hune.	15	14
	Pendo	3,358	3,047
Bateaux à vapeur		248	247
		3,621	3,278
Tonnage		186,410	181,734
Équipages		33,889	33,121
Passagers		10,019	8,016

C'est entre les ports de Goa et de Bombay que le mouvement maritime est le plus considérable, tant de navires portugais que de navires anglais.

Damão est située sur la rive gauche de la grande rivière du même nom, par 20°22′ de lat. N. et 82°11′ de long. E. de Lisbonne. Au N. de la place forte on voit un large quai qui était jadis le plus beau peut-être de tout le Malabar. Sur la rive opposée il y a un village appelé Petit Damão, où se trouvait anciennement un arsenal dans lequel on construisait des navires de fort tonnage.

Le climat malsain de Damão a obligé un grand nombre des habitants à abandonner cette ville pour d'autres contrées de l'Inde Portugaise. La vaste province de Praganá ou Nagar-Avelly, riche en bois de tec, en bétail, en gibier, etc., est placée sous la juridiction de Damão.

Diu est une petite île de 6,5 milles de longueur sur 1,5 de largeur, située près de la côte S. de la presqu'île de Guzerate, à 80 lieues de la capitale de l'État de l'Inde Portugaise. La ville de Diu est située par 20°42′ de lat. N. et à 80°05′ de long. E. de Lisbonne. Une forteresse assez remarquable et la tour de San-Thiago défendent cette ville que le fameux siège du xvi⁰ siècle a rendue à tout jamais célèbre.

Il n'y a pas d'agriculture proprement dite à Diu, on y cultive cependant le riz, le poivre et quelques autres produits. On y fabrique un vin connu sous le nom de vin-juif et qui est extrait du riz et de certaines plantes médicinales.

Diu était jadis renommée pour son industrie du tissage et de la teinturerie. Ces industries n'en ont pas tout-à-fait disparu, cependant elles ne sont plus que l'ombre de ce qu'elles furent autrefois. L'eau de source qui manque à Diu est suppléée par l'eau de la pluie recueillie dans des citernes immenses. On n'y fait plus d'autre commerce que l'importation des produits indispensables à la vie, et l'exportation du poisson, aussi l'industrie principale de Diu est-elle la pêche et la salaison de ce poisson.

PROVINCE DE MACAO ET TIMOR

MACAO

La ville de Macao (Santo Nome de Deus de Macao) est si-
tuée par 22°12′ de lat. N. et 122°43′ de long. E. de Lisbonne.
Macao est une presqu'île faisant partie de la grande île d'An-
çam. La ville est défendue par les forts de S. Paulo do Monte,
Nossa Senhora da Guia, Santiago da Barra, Bom Parto, D.
Maria II et Maoua sur l'isthme, S. Francisco et 1ᵉʳ décembre.

Le port de Macao ne donne pas accès aux bâtiments de
fort tonnage et est très exposé aux vents S. et SO., N. et
NE. dont les deux premiers sont surtout dangereux pendant les mois d'août, de septembre et d'octobre.

Le climat de Macao est sain et tempéré. Le thermomètre
centigrade n'y monte pas au-dessus de 35° pendant les mois
de la plus grande chaleur, c'est-à-dire de mai à septembre,
époque des grandes pluies. Il descend jusqu'à 12° pendant
les mois de décembre et de janvier.

La ville de Macao est en grande partie habitée par une population assez nomade de Chinois. Il est donc difficile de fixer
le chiffre de cette population que l'on porte toutefois appro-
ximativement à 70,000 âmes. Les Chinois sont très actifs et
fort industrieux, et travaillent sans cesse pour amasser quelque fortune.

Une preuve pratique de l'activité des Chinois se trouve dans
la réparation presque prodigieuse, en peu de mois, des rui-
nes résultant du grand cyclone du 23 septembre 1874 qui a
détruit une énorme quantité d'habitations.

Macao possède une école de pilotage, quatre écoles d'instruction primaire, dont deux pour le sexe féminin, un cours de langue portugaise pour les Chinois et un séminaire où les élèves peuvent choisir entre l'instruction religieuse et l'instruction laïque.

La fréquentation de toutes ces écoles publiques et des écoles particulières, en y comprenant celles des sœurs de charité, est assez faible et prouve le peu d'empressement de la population à s'instruire.

Un décret daté du 20 novembre 1845 a déclaré le commerce de Macao entièrement libre et y a aboli les douanes. Macao était jadis l'entrepôt du commerce de la Chine avec l'Europe et l'Amérique; aujourd'hui son commerce, quoique fort réduit, est toutefois assez important en soiries, opium, et huiles. La pêche occupe un grand nombre d'individus à Macao même et dans les petites îles portugaises nommées îles da Taipa et Clowane.

Le mouvement commercial de Macao, pendant l'année de 1876–1877 a été de 6,371,688 *patacas* (la *pataca* valant un peu plus de 5 francs), en y comprenant le chiffre de l'importation pour 3,779,804 *patacas* et celle de l'exportation pour 2,591,884 *patacas*. L'importation compte en première ligne l'opium, 4,913 caisses 2,854,983 *patacas;* viennent ensuite les cotonnades, les soieries, le thé brut, les vins d'Europe, etc. Dans l'exportation les soieries (3,493 caisses, 1,163,169 *patacas*) et le thé préparé (212,719 caisses, 840,694 *patacas)* tiennent la première place. Le commerce de Macao a lieu principalement avec Honkong, Kanton, Batavia et Goa.

Le commerce a beaucoup souffert de la défense de l'émigration chinoise par le port de Macao; les chiffres attestent une réduction de 50 %, à peu près, le mouvement commercial, importation et exportation, atteignant en moyenne 10,000,000 de *patacas* avant l'abolition du trafic des coolies. Macao fournit tous les produits inhérents à sa situation géographique, mais l'agriculture s'y fait sur une petite échelle, faute de terrain. On y voit cependant de beaux jardins d'agrément et des jardins potagers. Entre autres fruits on y trouve le *lexia* qui est d'un goût extrêmement agréable.

L'industrie de la préparation du thé est assez importante à Macao.

La ville capitale de la colonie portugaise en Chine est plutôt une ville de plaisirs que d'industrie. Ses revenus proviennent principalement de l'exploitation de monopoles, et d'établissements de plaisir, tels que les jeux de Fantan et autres, les théâtres, etc. La ville est très pittoresque et contient d'assez beaux édifices comme le palais du gouvernement, la caserne Saint-François, l'hôpital Saint-Janvier (Januario). L'éclairage s'y fait encore au moyen de pétrole ou d'huile.

La fameuse grotte de Camões est située au milieu d'une forêt que tout étranger visite à peine arrivé à Macao.

Il y a autour de la ville une route assez large qui sert de promenade habituelle aux habitants. A Macao personne n'est inquiété pour motifs de religion, tous les cultes y sont librement exercés sans que l'autorité s'en préoccupe autrement que pour garantir les droits civils de chacun.

Il y avait jadis à Macao un dépôt pour les coolies recrutés en Chine. Ces ouvriers étaient engagés pour les colonies espagnoles et le Pérou, et l'autorité portugaise exerçait une fiscalisation sévère sur leurs contrats. Toutefois le gouvernement portugais voyant que, malgré tous les efforts de ses délégués à Macao, il était impossible d'empêcher les cruautés auxquelles les malheureux Chinois étaient en butte dès qu'ils montaient à bord des navires étrangers, ordonna, le 20 décembre 1873, la suppression complète du trafic à Macao et de l'embarquement des ouvriers dans le port portugais. L'émigration chinoise maintenant défendue dans le port de la colonie portugaise a pris le chemin de Hong-Kong.

TIMOR

L'île de Timor, située par 10° 23' de lat. S. et 132° 24' de long. E. de Lisbonne, a une superficie de 60 lieues de long sur 18 de large en moyenne.

Timor compte de nombreux ports, dont le meilleur est celui de Babao qui peut contenir des flottes entières. Une chaine

de montagnes orientée à peu près du N. au S. partage l'île
en deux provinces qu'on appelle Servião et Bellos. A l'exception de la côte du sud, où il y a, pour ainsi dire, deux hi-
vers chaque année, on ne connaît à Timor que deux saisons
bien définies, l'hiver ou saison des pluies, et l'été ; la température y est de 28° à 32° cent. à l'ombre dans les deux saisons. Il se produit à Timor un phénomène digne de remarque : les saisons, dans les deux provinces séparées par la
chaîne de montagnes, sont inverties ; tandis qu'il pleut à Servião, c'est-à-dire, tandis que l'hiver y règne, à Bellos on est
en plein été, et vice-versa.

Le sol de Timor est extrêmement fertile et fournit, presque sans culture, tout ce qui est nécessaire à la vie ; quelques
produits même donnent chaque année deux récoltes abondantes.

L'île est couverte de belles forêts produisant d'excellents
bois de construction et de menuiserie.

Les mines abondent à Timor et les eaux qui descendent
des montagnes charrient des parcelles d'or, de cuivre et de
tombac. Le fer, le soufre, le salpêtre, la houille et le pétrole
s'y trouvent aussi. Malheureusement, l'indolence des naturels et le manque de capitaux sont cause que ces richesses ne
sont pas mises à profit.

Dans quelques baies de l'île on pêche des perles d'une certaine valeur et des branches de corail. A elle seule, la canelle
de Timor, convenablement exploitée, pourrait donner un produit supérieur à tous les calculs ; sa qualité et ses propriétés
égalent, si elles ne les surpassent pas, celles de la canelle
de Ceylan.

Le sol de l'île convient à la culture de toutes sortes d'épices.
On voit dans toute l'île, mais surtout dans sa partie sud,
des forêts de cotonniers fournissant un excellent coton que
les indigènes travaillent et dont ils font des vêtements qu'ils
teignent des couleurs les plus vives et les plus variées.

Le sel y est très abondant ; on le récolte sans travail dans
un lagon situé à peu de distance de la mer. Les bœufs, les
porcs, les bufiles, et des chevaux de petite taille abondent

dans toute l'île. On en fait une grande exportation. Le buffle y est employé aux travaux de l'agriculture.

Il est à remarquer qu'on ne trouve pas à Timor ces bêtes féroces qui désolent tant d'autres colonies; on y voit cependant plusieurs espèces de chauve-souris d'une énorme envergure, mais ces animaux ne sont aucunement nuisibles.

Le chef-lieu de l'établissement portugais, situé autrefois à Lifau, endroit relativement plus salubre, a été transféré à Dilly dont le port est plus accessible et plus abrité. La ville de Dilly occupe une étendue de 1,500 mètres de longueur sur 500 de largeur; elle est divisée en rues très larges, bordées d'habitations en bois, couvertes de feuilles et séparées les unes des autres par des jardins peuplés de palmiers, d'orangers et d'autres arbres. Les habitations, malgré leur pauvre apparence, sont assez confortables à l'intérieur. Le palais du gouverneur est placé à 1,500 mètres de la ville, à Lahane; on y jouit d'un point de vue admirable.

Le traité signé à Lisbonne le 20 avril 1859, et ratifié le 18 août 1860, a fixé les limites des possessions portugaises et hollandaises dans l'île de Timor. Ces limites sont, au N., les frontières qui séparent Cova de Juanilo, et au S. celles qui séparent Suai de Lakécune. Ainsi presque toute la province à l'O., qui porte l'ancien nom de Servião appartient aux Hollandais, tandis que l'autre province à l'E., nommée province de Bellos, se trouve sous la domination portugaise.

Une cinquantaine de tribus gouvernées par des chefs indigènes reconnaissent la suprématie du Portugal et lui paient un tribut annuel. Par la corruption du mot *Leoray*, titre du chef de chaque tribu, on est arrivé à donner à ce chef le titre pompeux de roi *(rei)*, d'où il est résulté que ces tribus ont été appelées royaumes.

Nous n'avons point de données certaines sur la population de la partie portugaise de l'île de Timor. On l'évalue en chiffres ronds à plus d'un million d'individus, tant indigènes que portugais et étrangers. L'instruction y est fort peu développée et malgré l'école publique de Dilly défrayée par la colonie. il est rare de rencontrer un indigène sachant lire et écrire.

La culture du café et de la canne à sucre, qui y a pris un certain développement, offre un excellent emploi au capital. Le café de Timor est fort apprécié, et la canne à sucre y fournit d'excellents produits.

L'exportation du café par le port de Dilly a atteint à peu près le chiffre de 1,000 tonneaux (14,485, *picos* 95 *cates*) du 16 juin au 30 octobre 1877.

Le tarif douanier, décrété le 7 décembre 1869 pour Timor, est très simple. On y paye 6 pour cent *ad valorem* sur tous les produits importés sous un pavillon quelconque, exception faite de la poudre, des fusils, du tabac, du vin, de l'eau-de-vie et d'autres boissons fermentées ou distillées qui sont soumises à un droit de 15 pour cent, et de l'opium qui paie 40 pour cent.

Il n'y a de prohibition que pour les canons et le billon national ou étranger.

Le gouvernement portugais, accédant à l'invitation du gouvernement des Pays Bas, a défendu dernièrement l'importation à Dilly des armes à feu et de tout matériel de guerre, et a ordonné une fiscalisation sévère de la contrebande de ces articles sur la côte, afin d'éviter les guerres que les indigènes font à la colonie hollandaise.

L'exportation des produits de Timor est taxée à 5 pour cent *ad valorem* sous tous les pavillons.

Le commerce est presque exclusivement exercé à Dilly par les Chinois venus de Macao. Le mouvement du port de Dilly a été en 1876–1877 de plus de 100 navires, la plupart hollandais, sans compter la navigation de cabotage. Dans l'espace de huit mois, pendant la dernière année économique, le mouvement commercial y a atteint 1,000,000 de roupies, 300,000 pour l'importation et plus du double pour l'exportation, et a donné à la douane un revenu supérieur à 100,000 francs.

OBRAS DE M. E. LOBO DE BULHÕES

La Dette Portugaise . . . . (esgotada)
La Réforme de l'administration civile. . . . . (esgotada)
A Divida Portugueza. 300
Paris na America (traducção) 600
Recordações e Vagares 500
Historia e Historias. 500